# 通关实务操作与技巧

## ——进出境物品篇

"关务通·监管通关系列"编委会◎编著

中国海关出版社

**图书在版编目（CIP）数据**

通关实务操作与技巧——进出境物品篇／“关务通·监管通关系列”编委会编著．—北京：中国海关出版社，2012.9
（“关务通·监管通关系列”丛书）
ISBN 978-7-80165-905-7

Ⅰ.①通… Ⅱ.①关… Ⅲ.①海关-业务-中国 Ⅳ.①F752.5

中国版本图书馆 CIP 数据核字（2012）第 226514 号

**通关实务操作与技巧**——进出境物品篇

TONGGUAN SHIWU CAOZUO YU JIQIAO——JINCHUJINGWUPIN PIAN

作　　者：“关务通·监管通关系列”编委会
总 策 划：谭　宁
策划团队：刘　倩　马　超　钟　刘
责任编辑：刘　倩　冯　楠
责任监制：王岫岩
出版发行：中国海关出版社
社　　址：北京市朝阳区东四环南路甲 1 号　　邮政编码：100023
网　　址：www.hgcbs.com.cn；www.hgbookvip.com
编 辑 部：01065194259（电话）　　01065194234（传真）
发 行 部：01065194221/4238/4246（电话）　　01065194233（传真）
社办书店：01065195616/5127（电话/传真）　　01065194262/63（邮购电话）
北京市建国门内大街 6 号海关总署东配楼一层
印　　刷：北京京都六环印刷厂　　经　　销：新华书店
开　　本：710mm×1000mm　1/16
印　　张：10　　字　　数：148 千字
版　　次：2012 年 10 月第 1 版
印　　次：2013 年 2 月第 4 次印刷
书　　号：ISBN 978-7-80165-905-7
定　　价：26.00 元

# 前　言

海关是国家进出境监督管理机关。近年来，海关不断顺应贸易实际，以风险式管理为基础，创新管理方式，优化监管服务，调整变革通关模式与管理方式。进出境旅客及各类进出境物品如何适应国家监督管理的要求，选择适合自己的海关通关模式和管理方式，既满足海关“管得住”的需要，又保证人员和物品“通得快”，是进出境旅客及与各类进出境物品相关人员面临的具体问题。

本书从进出境旅客及各类进出境物品通关的角度入手，将海关监管涉及到的工作流程、业务要求进行系统化梳理，以通俗易懂的文字表述，给进出境旅客及与各类进出境物品相关人员提供了一个全面、深入了解海关通关监管业务体系的窗口和渠道，并力图使他们能按图索骥，高效办理通关手续，避免无谓犯错、招至被动。

本书具有如下特点：

一、量身打造，精准解析，注重实践。本书是由海关通关监管业务领域一线专家，结合自身长期业务实践，专门针对进出境旅客及与各类进出境物品相关人员精心打造而成。全书在根据实际通关需求进行系统梳理的基础上，还尽量针对关键业务点详尽解析，点拨具体操作。因此，本书的适用性、实用性、权威性极强。

二、最新最全，重点突出，方便易用。本书紧扣实际需求，在系统介绍通关的过程中，整理编写了“海关提醒”、“小贴士”、“案例”等方面的内容，并对相关法律法规，尤其是最新规定和海关业务改革措施进行了实用指导与解读，能指导、帮助各类读者迅速了解海关规定，熟悉海关通关流程和所需单证材料，确保有效配合海关完成通关监管的各项行政许可事项，提高办事效率。

本书作为“关务通·监管通关系列”丛书中的一本，不仅可用于行邮物品通关业务，满足读者的工作需求，而且可供海关关员及高校相关专业学生参考，满足读者的学习需求。阅读本书时，建议与该系列丛书中的《监管通关政策实用指导手册》、《通关实务操作与技巧——货物、运输工具篇》、《通关疑难解惑720例》配套使用，可使读者在掌握通关流程及相关业务知识的同时，更好地解决实际通关难题，把握新政策的改革方向。

由于时间仓促和水平有限，书中难免有不妥和错漏之处，诚请读者在使用中批评指正，以便再版时修订完善，联系邮箱：guanwutong@ mail. customs. gov. cn。

编　者

# 目　录

# 第一章　进出境旅客通关

说到进出境，不少旅客第一个想起的词总是“海关”。那么，在通过海关的时候，我们都需要办理哪些手续呢？怎样做才能更快更顺利地完成通关手续、为跨境旅途创造一个良好的开端呢？这一章就将为大家介绍通关的基本流程以及各种重要的注意事项，让大家能够在实际进出境时心里有底，遇事不慌。

进出境旅客通关的基本程序如图1－1所示，包括：申报、查验、征税（或其他监管手续）、处置。

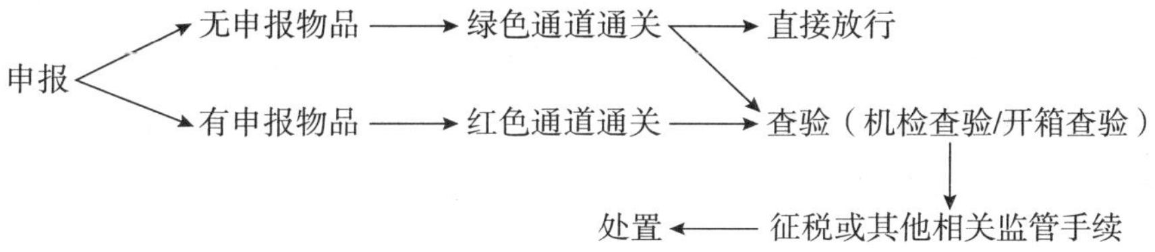


**图1－1　通关流程图**

## 第一节　旅客申报

旅客通关，第一道程序就是申报。在通过海关时，如果您没有需要特别申报的物品，是可以直接通行、不需要填写任何申报单证的，过关速度将会很快。如果您有需要申报的物品也不用担心，只要掌握了申报技巧，并认真遵循海关法律规定，通关是件非常迅速的事，不会耽误您任何行程。

所谓申报，是指进出境旅客为履行中华人民共和国海关法规规定的义务，对其携运进出境的行李物品实际情况依法向海关所作的书面申明。

根据《中华人民共和国海关法》（以下简称《海关法》）和《中华人民共和国海关对进出境旅客行李物品监管办法》的规定，进出境旅客行李物品必须通过设有海关的地点进境或出境，接受海关监管，按规定向海关办理通关手续。

## 一、走进申报制度

根据中华人民共和国海关总署2007年第72号公告的规定，自2008年2月1日起，在全国各对外开放口岸实行新的进出境旅客申报制度。需要了解的是：

（1）不是人人都需要填写申报单。

除海关免予监管的人员以及随同成人旅行的16周岁以下旅客以外，进出境旅客携带有应向海关申报物品的，须填写“中华人民共和国海关进出境旅客行李物品申报单”（以下简称申报单），向海关书面申报，并选择“申报通道”（GOODS TO DECLARE），又称“红色通道”（RED CHANNEL）通关，如图1－2所示。

进出境旅客没有携带应向海关申报物品的，无须填写申报单，选择“无申报通道”（NOTHING TO DECLARE），又称“绿色通道”（GREEN CHANNEL）通关，如图1－3所示。

（2）旅客不了解海关规定或不知如何选择通道的，应选择“申报通道”，向海关办理申报手续。

（3）托运行李和手提行李的申报区域有可能不同，旅客要注意选择。在部分半开放格局的空港口岸，海关在托运行李区域和手提行李区域分别设有海关申报台，如旅客托运行李携带有应向海关申报物品的，应在交运行李之前前往海关托运行李申报台，办理申报手续。

图 1－2　红色通道

图 1－3　绿色通道

**小贴士** 出境时，因为海关在接受旅客申报时需要对物品进行验核，所以旅客要申报的物品如果是准备托运的，必须在托运前进行申报。

**案例** 小张从某国际机场出境旅游，携带了一台境内购买的笔记本电脑，他将电脑托运后，听说电脑最好在出境前向海关申报一下，于是来到了手提行李区域的申报台要求填写申报单。但被工作人员告知需要验核电脑实物后才可以接受申报，结果没能申报成功。小张认为反而少了一件麻烦事，于是就直接出境了。当他复入境通关时，因为无法出具电脑的出境申报证明，被要求征税。

**分析**：对境内购买的物品进行申报，其作用相当于一个“此物是境内所购而非境外购买”的证明，因此，主动申报是很有必要的，并不是一件“多余的事”。海关提醒旅客出境前对行李物品进行申报，是出于保护旅客利益的目的，可以避免复入境通关时遇到不必要的麻烦。

**海关提醒** 在部分半开放格局的空港口岸，海关在托运行李区域和手提行李区域分别设有海关申报台，如旅客托运行李携带有应向海关申报的物品，应在交运行李之前前往海关托运行李申报台，办理申报手续。海关接受物品申报是需要验核实物的，所以如果旅客携带的申报物品是打算托运的，一定要在托运前向海关申报。

（4）需要申报的旅客，通关时选择走海关“红色通道”，填写申报单如图1－4所示。

**中华人民共和国海关**
**进出境旅客行李物品申报单**

请仔细阅读申报单背面的填单须知后填报

姓＿＿ 名＿＿ 男□ 女□

出生日期□□□□年□□月□□日 国籍（地区）＿＿

护照（进出境证件）号码□□□□□□□□□□□□□□

| 进境旅客填写 | 出境旅客填写 |
|---|---|
| 来自何地＿＿ | 前往何地＿＿ |
| 进境航班号/车次/船名＿＿ | 出境航班号/车次/船名＿＿ |
| 进境日期：＿＿年＿＿月＿＿日 | 出境日期：＿＿年＿＿月＿＿日 |
| 携带有下列物品请在“□”划√ | 携带有下列物品请在“□”划√ |
| □1. 动植物及其产品、微生物、生物制品、人体组织、血液及其制品 | □1. 文物、濒危动植物及其制品、生物物种资源、金银等贵重金属 |
| □2. 居民旅客在境外获取总值超过人民币5,000元的物品 | □2. 居民旅客携带需复带进境的单价超过人民币5,000元的照相机、摄像机、手提电脑等旅行自用物品 |
| □3. 非居民旅客拟留在境内总值超过人民币2,000元的物品 | □3. 超过20,000元人民币现钞，或超过折合美元5,000元外币现钞 |
| □4. 超过1,500毫升的酒精饮料（酒精含量12°以上），或超过400支香烟，或超过100支雪茄，或超过500克烟丝 | □4. 货物、货样、广告品 |
| □5. 超过20,000元人民币现钞，或超过折合美元5,000元外币现钞 | □5. 其它需要向海关申报的物品 |
| □6. 分离运输行李，货物、货样、广告品 | |
| □7. 其它需要向海关申报的物品 | |

携带有上述物品的，请详细填写如下清单

| 品名/币种 | 型号 | 数量 | 金额 | 海关批注 |
|---|---|---|---|---|
| | | | | |
| | | | | |
| | | | | |
| | | | | |
| | | | | |

我已经阅读本申报单背面所列事项，并保证所有申报属实。

旅客签名：＿＿

**一、重要提示：**

1. 没有携带应向海关申报物品的旅客，无需填写本申报单，可选择“无申报通道”（又称“绿色通道”，标识为“●”）通关。
2. 携带有应向海关申报物品的旅客，应当填写本申报单，向海关书面申报，并选择“申报通道”（又称“红色通道”，标识为“■”）通关。海关免予监管的人员以及随同成人旅行的16周岁以下旅客可不填写申报单。
3. 请妥善保管本申报单，以便在返程时继续使用。
4. 本申报单所称“居民旅客”系指其通常定居地在中国关境内的旅客，“非居民旅客”系指其通常定居地在中国关境外的旅客。
5. 不如实申报的旅客将承担相应法律责任。

**二、中华人民共和国禁止进境物品：**

1. 各种武器、仿真武器、弹药及爆炸物品；
2. 伪造的货币及伪造的有价证券；
3. 对中国政治、经济、文化、道德有害的印刷品、胶卷、照片、唱片、影片、录音带、录像带、激光唱盘、激光视盘、计算机存储介质及其它物品；
4. 各种烈性毒药；
5. 鸦片、吗啡、海洛因、大麻以及其它能使人成瘾的麻醉品、精神药物；
6. 新鲜水果、茄科蔬菜、活动物（犬、猫除外）、动物产品、动植物病原体和害虫及其它有害生物、动物尸体、土壤、转基因生物材料、动植物疫情流行的国家和地区的有关动植物及其产品和其它应检物；
7. 有碍人畜健康的、来自疫区的以及其它能传播疾病的食品、药品或其它物品。

**三、中华人民共和国禁止出境物品：**

1. 列入禁止进境范围的所有物品；
2. 内容涉及国家秘密的手稿、印刷品、胶卷、照片、唱片、影片、录音带、录像带、激光唱盘、激光视盘、计算机存储介质及其它物品；
3. 珍贵文物及其它禁止出境的文物；
4. 濒危的和珍贵的动植物（均含标本）及其种子和繁殖材料。

图1－4　进出境旅客行李物品申报单

**海关提醒** 书面申报是唯一有效的申报方式，进出境旅客对其携运的物品以其他任何方式或在其他任何时间、地点所作出的申明，海关均不视为申报。

## 二、需要申报的情况

（1）进境旅客携带有下列物品的，应在申报单相应栏目内如实填报，并将有关物品交海关验核，办理有关手续：

①动、植物及其产品，微生物、生物制品、人体组织、血液及其制品。

②居民旅客在境外获取的总值超过人民币 5 000 元（含 5 000 元，下同）的自用物品。

国家规定，以下 20 种商品为不予以减免税物品，是不享有 5 000 元人民币免税额度的：电视机、摄像机、录像机、放像机、音响设备、空调器、电冰箱（电冰柜）、洗衣机、照相机、复印机、程控电话交换机、微型计算机及外设、电话机、无线寻呼系统、传真机、电子计数器、打字机及文字处理机、家具、灯具和餐料。

**小贴士** 此处的“居民旅客”指出境居留后仍回到境内其通常定居地者。入境主动申报的居民旅客的征税物品享有 5 000 元人民币的免税额度。

③非居民旅客拟留在中国境内的总值超过 2 000 元的物品。

**小贴士** 此处的“非居民旅客”指进境居留后仍回到境外其通常定居地者。

④酒精饮料超过 1 500 毫升（酒精含量 12 度以上），或香烟超过 400 支，或雪茄超过 100 支，或烟丝超过 500 克。

**小贴士** 此条规定按烟酒的一般容量标准即为“两条烟两瓶酒”，但特殊容量的另计。

⑤人民币现钞超过20 000元，或外币现钞折合超过5 000美元。

**小贴士** （1）外币现钞折合超过5 000美元并需要复带出境的，须申报后入境。

（2）对残破严重的货币，海关不接受申报。

⑥分离运输行李，货物、货样、广告品。

**小贴士** 分离运输行李，简称分运行李，是指旅客进境或出境后通过其他运输方式运进或运出的行李物品，并不是旅客进出境时向所搭乘的运输工具或其代理人交运的随行行李物品。如果您有分离运输行李，入境时一定要记得向海关申报。进境分离运输行李应自旅客进境之日起6个月内（含6个月）运进。

货物、货样、广告品按货物报关流程申报，不接受个人物品形式的申报。

**案例** 李某携带一台工厂监测仪器入境，他选择走“红色通道”并填写了海关申报单，称此仪器是公司让他携带入境的样品，并出示了公司相关发票证明。海关验核后让其办理了货物申报手续。

**分析：** 工厂监测仪器不属于旅客旅途自用物品范围，因此海关不接受该仪器以个人物品形式进行申报，必须依照货物样品手续报关。

⑦其他需要向海关申报的物品。

（2）出境旅客携带有下列物品的，应在申报单相应栏目内如实填报，并将有关物品交海关验核，办理有关手续：

①文物、濒危动植物及其制品、生物物种资源、金银等贵重金属。

②居民旅客需复带进境的单价超过 5 000 元的照相机、摄像机、手提电脑等旅行自用物品。

**小贴士** 填写申报单并经海关验核盖章后，旅客须保存该申报单至复入境时向海关提交。

**案例** 袁某携带一台境内购买的旧的惠普笔记本电脑，出境时向海关申报，关员验核该电脑的品牌型号及编号后盖章放行。一个月后，袁某复入境并向海关提交该申报单，关员核对实物时发现他携带入境的电脑虽然品牌仍为惠普，但型号与申报不符且电脑为全新，因此该复入境申报无效。关员经询问发现，袁某携带入境的是境外重新购买的电脑，最后对其征税放行。

**分析：**海关对出境申报的物品是要进行品牌型号及编号的核对的，只对需要复带进境的物品接受申报，如果复入境时携带的不是同一物品，则该申报是无效的。

③超过 20 000 元人民币现钞，或折合超过 5 000 美元外币现钞。

**案例** 某韩国籍旅客携带 50 000 人民币现钞入境，向海关申报，关员告知其只可携带 20 000 人民币现钞出入境的规定。因为该旅客有主动申报行为，关员放行其 20 000 人民币现钞，其余 30 000 人民币现钞作退外处理，即该旅客复出境时将超出部分复带出境。

④货物、货样、广告品。

小贴士 旅客须提前至通关现场海关货物柜台进行咨询并申报，此类物品海关不接受以个人物品形式进行的申报。

⑤其他需要向海关申报的物品。

## 三、如何填制申报单

### （一）申报前要准备哪些证件或单证

旅客须在申报时提供本人出入境证件原件。

非本人申报的，另须提供被委托人出入境证件原件；代办理分离运输行李等非当日出入境业务的，须提供被委托人身份证原件或护照原件等身份证明。

需要于申报时出示其他部门证明文件的，须携带并出示证明文件正本。

小贴士 出入境证件包括中华人民共和国护照、前往港澳通行证、往来港澳地区通行证、大陆居民往来台湾通行证、港澳居民来往内地通行证、港澳同胞回乡证、台湾居民来往大陆通行证、中华人民共和国旅行证、外国人永久居留证等。在出入境办理海关业务时，中华人民共和国居民身份证是无效的。

### （二）如何填好申报单

（1）申报单分中英文两个版本，旅客可根据自己需要选择填写（如图1－5和图1－6所示）。

（2）护照（进出境证件）号码（No. of Traveler’s Document）栏，一般填写护照号码。中国港澳台居民填写进出境证件号码。

（3）申报单下端为旅客签名，是必填栏目。

## 中华人民共和国海关

### 进出境旅客行李物品申报单

请仔细阅读申报单背面的填单须知后填表

| 姓 | 王 | 名 | 申 | 男 ✓ | 女 |
|---|---|---|---|---|---|

| 出生日期 | 1 | 9 | 7 | 7 | 年 | 0 | 1 | 月 | 3 | 1 | 日 | 国籍（地区） | 中国 |
|---|---|---|---|---|---|---|---|---|---|---|---|---|---|

| 护照（进出境证件）号码 | H | 0 | 9 | 8 | 7 | 6 | 5 | 4 | 3 | 2 | 1 |
|---|---|---|---|---|---|---|---|---|---|---|---|

| 进境旅客填写 | | 出境旅客填写 | |
|---|---|---|---|
| 来自何地 | | 前往何地 | 泰国曼谷 |
| 进境航班号/车次/船名 | | 出境航班号/车次/船名 | MU547 |
| 进境日期 | | 出境日期 | 2008年2月1日 |
| 携带有下列物品请在“□”划✓ | | 携带有下列物品请在“□”划✓ | |
| □ | 1. 动植物及其产品、微生物、生物制品、人体组织、血液及其制品 | □ | 1. 文物、濒危动植物及其制品、生物物种资源、金银等贵重物品 |
| □ | 2. 居民旅客在境外获取的总值超过人民币5,000元的物品 | ☑ | 2. 居民旅客携带需复带进境的单价超过人民币5，000的照相机、摄像机、手提电脑等旅行自用物品 |
| □ | 3. 非居民旅客拟留在中国境内的总值超过人民币2，000元的物品 | ☑ | 3. 超过20，000元人民币现钞，或超过折合5，000美元外币现钞 |
| □ | 4. 超过1，500毫升酒精饮料（酒精含量12度以上），或超过400支香烟，或超过100支雪茄，或超过500克烟丝 | □ | 4. 货物、货样、广告品 |
| □ | 5. 超过20，000元人民币现钞，或超过折合5，000美元外币现钞 | □ | 5. 其它需要向海关申报的物品 |
| □ | 6. 分离运输行李，货物、货样、广告品 | | |
| □ | 7. 其它需要向海关申报的物品 | | |

携带有上述物品的，请详细填写如下清单

| 品名/币种 | 型号 | 数量 | 金额 | 海关批注 |
|---|---|---|---|---|
| 数码照相机 | 佳能SH078 | 2台 | | |
| 人民币 | | 25000元 | | |
| 美元 | | 6000元 | | |
| | | | | |
| | | | | |

我已经阅读本申报单背面所列事项，并保证所有申报属实。

旅客签名：王 申

图1－5　申报单样本（中文）

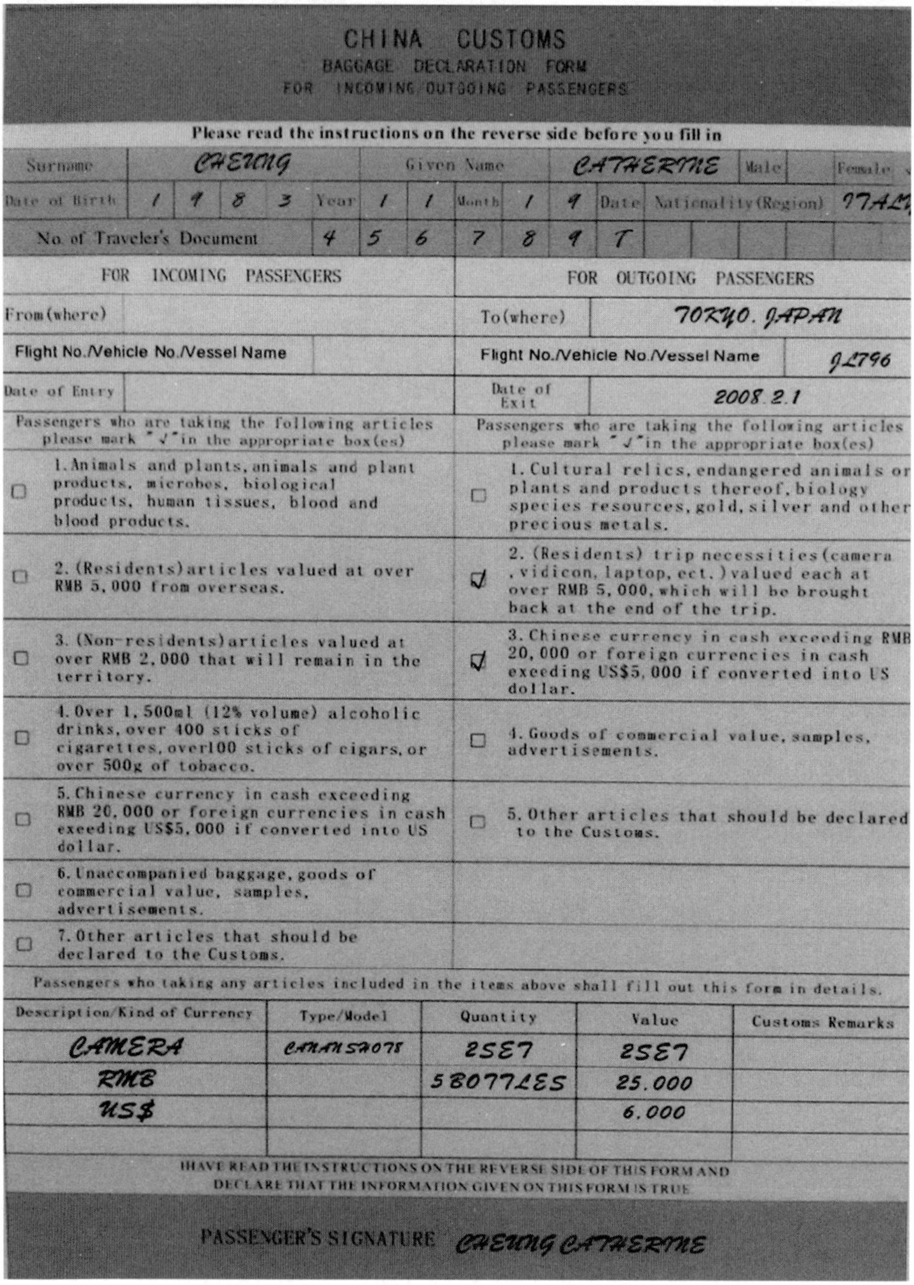

CHINA CUSTOMS
BAGGAGE DECLARATION FORM
FOR INCOMING OUTGOING PASSENGERS

Please read the instructions on the reverse side before you fill in

Surname: CHEUNG Given Name: CATHERINE Male Female √
Date of Birth: 1 9 8 3 Year 1 1 Month 1 9 Date Nationality(Region): ITAL…
No. of Traveler's Document: 4 5 6 7 8 9 T

FOR INCOMING PASSENGERS
From(where):
Flight No./Vehicle No./Vessel Name:
Date of Entry:
Passengers who are taking the following articles please mark "√" in the appropriate box(es)
□ 1. Animals and plants, animals and plant products, microbes, biological products, human tissues, blood and blood products.
□ 2. (Residents) articles valued at over RMB 5,000 from overseas.
□ 3. (Non-residents) articles valued at over RMB 2,000 that will remain in the territory.
□ 4. Over 1,500ml (12% volume) alcoholic drinks, over 400 sticks of cigarettes, over100 sticks of cigars, or over 500g of tobacco.
□ 5. Chinese currency in cash exceeding RMB 20,000 or foreign currencies in cash exeeding US$5,000 if converted into US dollar.
□ 6. Unaccompanied baggage, goods of commercial value, samples, advertisements.
□ 7. Other articles that should be declared to the Customs.

FOR OUTGOING PASSENGERS
To(where): TOKYO. JAPAN
Flight No./Vehicle No./Vessel Name: JL796
Date of Exit: 2008.2.1
Passengers who are taking the following articles please mark "√" in the appropriate box(es)
□ 1. Cultural relics, endangered animals or plants and products thereof, biology species resources, gold, silver and other precious metals.
☑ 2. (Residents) trip necessities (camera, vidicon, laptop, ect.) valued each at over RMB 5,000, which will be brought back at the end of the trip.
☑ 3. Chinese currency in cash exceeding RMB 20,000 or foreign currencies in cash exeeding US$5,000 if converted into US dollar.
□ 4. Goods of commercial value, samples, advertisements.
□ 5. Other articles that should be declared to the Customs.

Passengers who taking any articles included in the items above shall fill out this form in details.

| Description/Kind of Currency | Type/Model | Quantity | Value | Customs Remarks |
|---|---|---|---|---|
| CAMERA | CANAN SHOT78 | 2SET | 2SET | |
| RMB | | 5BOTTLES | 25.000 | |
| US$ | | | 6.000 | |
| | | | | |

I HAVE READ THE INSTRUCTIONS ON THE REVERSE SIDE OF THIS FORM AND DECLARE THAT THE INFORMATION GIVEN ON THIS FORM IS TRUE

PASSENGER'S SIGNATURE CHEUNG CATHERINE

图1-6 申报单样本（英文）

### （三）所申报物品可能涉及的其他国家主管部门

**1. 文物鉴定**

由文物管理委员会负责。

**2. 濒危动植物制品鉴定**

野生动植物鉴定中心做鉴定，濒危办鉴定处出具书面鉴定结论。

**3. 古生物化石鉴定**

规划和国土资源管理局组织、委托相关专家进行权威鉴定，鉴定结论报送国土资源部进行最终认定。

**4. 管制刀具鉴定**

是否属于管制刀具，由公安机关依法进行认定。

**5. 麻醉药品、精神药品的进（出）口**

海关凭国家药品监督管理局签发的麻醉药品进（出）口准许证或精神药品进（出）口准许证办理进出口手续。

医务人员为了医疗需要携带少量麻醉药品和精神药品进出境的，海关凭省级以上人民政府药品监督管理部门发放的携带麻醉药品和精神药品证明放行。

**6. 金银及其制品**

超出自用、合理数量携带的黄金及其制品，视同进出口货物，须凭中国人民银行总行的批件办理进出口手续。

旅客因出访、探亲、旅游等目的出境，以及前往国外或者中国港澳地区工作和学习的，所佩戴的自用金银饰品超出规定限额的，海关凭银行出具的携带金银出境许可证，查验放行。

**7. 外币现钞**

旅客携带外币现钞出境，超出规定限额的，应向银行或国家外汇管理局申领携带外汇出境许可证，海关凭盖有“银行携带外汇出境专用章”和“国家外汇管理局携带外汇出境核准章”的携带外汇出境许可证放行。

**8. 无线电通信器材**

旅客携运器材进出境都要事前报经省（自治区、直辖市）无线电管理委员会批准。入境时，必须向海关申报并交验批准文件，海关凭批准文件办理验放手续。

9. **动植物、动植物产品和其他检疫物**

携带动植物、动植物产品和其他检疫物进境的，进境时必须向海关申报并接受口岸动植物检疫机关检疫。

10. **濒危动植物及其产品**

出口国家重点保护野生动植物或者其产品的，中国参加的进出口国际公约所限制进出口的野生动植物或者其产品的，必须经国务院野生动植物行政主管部门或者国务院批准，并取得国家濒危物种进出口管理机构核发的允许进出口证明书。海关凭允许进出口证明书查验放行。

11. **遗体、骸骨或骨灰**

个人携带遗体、骸骨或骨灰进出境，应向海关如实申报。申请运出境外或运回中国境内安葬的，海关验凭出入境检验检疫机构签发的尸体/棺柩/骸骨/骨灰进出境许可证放行。

12. **人类遗传资源**

以携带方式运输人类遗传资源出口、出境时，应如实向海关申报，海关凭中国人类遗传资源管理办公室核发的人类遗传资源材料出口、出境证明办理验放手续。

13. **人体血液和血液制品**

旅客携带和个人邮寄、快递人体血液和血液制品进出境，海关严格凭卫生部的批准文件或证书办理验放手续。

14. **兴奋剂**

个人因医疗需要携带或邮寄进出境自用合理量范围内的兴奋剂，海关按照卫生主管部门有关处方的管理规定，凭医疗机构处方予以验放。

### （四）不主动、如实申报可能产生的后果

旅客在出入境时应该主动、如实向海关申报。

违反海关规定，逃避海关监管，携带国家禁止、限制进出境，或者依法应当缴纳关税的货物、物品进出境的，海关将依据《海关法》和《中华

人民共和国海关行政处罚实施条例》（以下简称《海关行政处罚实施条例》）予以处罚。因此，主动、如实申报是很有必要的。

### （五）注意事项

（1）旅客应在旅客行李物品监管时限内办结物品进出境的海关手续。“旅客行李物品监管时限”是指非居民本次进境之日起到最近一次出境之日止，或居民本次出境之日起到最近一次进境之日止的时间。

（2）非居民旅客返程出境时，如选择“申报通道”通关，可在其原进境时填写并经海关批注和签章的申报单上出境栏目内填写相关内容，或者另填写一份申报单，向海关办理出境申报手续。

（3）居民旅客回程进境时，如选择“申报通道”通关，可在其原进境时填写并经海关批注和签章的申报单上出境栏目内填写相关内容，或者另填写一份申报单，向海关办理进境申报手续。

## 四、限制进出境物品的范围

### （一）限制进境物品包括

（1）无线电收发信机、通信保密机；

（2）烟、酒；

（3）濒危的和珍贵的动物、植物（均含标本）及其种子和繁殖材料；

（4）国家货币；

（5）海关限制进境的其他物品。

### （二）限制出境物品包括

（1）金银等贵重金属及其制品；

（2）国家货币；

（3）外币及其有价证券；

（4）无线电收发信机、通信保密机；

（5）贵重中药材；

（6）一般文物；

（7）海关限制出境的其他物品。

详细规定参见第五章的“第三节　禁限物品”。

## 五、禁止进出境物品的范围

### （一）禁止进境物品包括

（1）各种武器、仿真武器、弹药及爆炸物品；

（2）伪造的货币及伪造的有价证券；

（3）对中国政治、经济、文化、道德有害的印刷品、胶卷、照片、唱片、影片、录音带、录像带、激光视盘、计算机存储介质及其他物品；

（4）各种烈性毒药；

（5）鸦片、吗啡、海洛因、大麻，以及其他能使人成瘾的麻醉品、精神药物；

（6）带有危险性病菌、害虫及其他有害生物的动物、植物及其产品；

（7）有碍人畜健康的、来自疫区的，以及其他能传播疾病的食品、药品或其他物品。

### （二）禁止出境物品包括

（1）列入禁止进境范围的所有物品；

（2）内容涉及国家秘密的手稿、印刷品、胶卷、照片、唱片、影片、录音带、录像带、激光视盘、计算机存储介质及其他物品；

（3）珍贵文物及其他禁止出境的文物；

（4）濒危的和珍贵的动物、植物（均含标本）及其种子和繁殖材料。

详细规定参见第五章的“第三节　禁限物品”。

# 第二节　接受查验

“为什么我的行李物品会在出入境时被海关检查？”“为什么海关关员

不主动帮我开箱关箱?""被检查是不是意味着我被怀疑了?"您在出入境时如果遇到海关查验，会不会产生以上疑虑呢?其实您完全不必担心，这一节就将对海关查验进行详细的介绍，让您更好地了解海关规定，更放心、更安心地完成通关流程。

所谓查验，是指海关检查旅客携带进出境的物品，核对进出境旅客申报是否属实，有无违禁物品，确定物品征税、免税、扣留、退运或放行。

查验的目的是核对旅客的实际进出境物品与申报单所报内容是否相符，有无错报、漏报、瞒报、伪报等情况，审查旅客行李物品的进出境是否合法，确定物品的性质。

查验是海关履行监管职能的一项基本工作，对进出境旅客行李物品按一定比例实施查验，是一种正常的执法监管行为，对于维护正常旅客通关秩序是很有必要的。而且，海关查验是在维护进出境旅客合法权利的前提下，遵循严格的程序进行的。

## 一、查验的内容

（1）核对申报是否属实。对进出境旅客携带物品进行申报，均须将物品交海关验核，验核无误后海关签章，申报有效。

**案例** 小王出境旅游，他携带了一台境内购买的单反相机并主动向海关申报，填写了海关申报单。但关员例行验核物品时，发现小王在申报单上填写的相机型号是错误的，于是提醒小王修改，并告知他务必保管好申报单以备复入境时交验。小王对关员及时发现自己的疏忽和善意的提示表示了感谢。

**分析：**旅客对物品进行申报时，有可能因为疏忽错报物品信息，海关对物品的核对是十分必要的，能更好地维护旅客利益、保证旅客进出境通关顺畅。

（2）检查有无违禁物品。对旅客携带的疑似限制及禁止携带进出境物品，海关有权进行查验。

**案例** 小李入境时携带一个黑色拉杆箱，选择走海关“绿色通道”，海关工作人员对其箱子进行机器X光检查时发现有疑似夹层，于是要求他接受开箱检查。开箱验核后发现小李在该拉杆箱内制作了一道夹层用于放置货币现金。因其所带现金未超过海关限量规定，所以海关作放行处理。

**分析：**海关有权对旅客携带的疑似禁限物品或可疑行李进行查验，小李的拉杆箱虽然没有藏匿禁限物品，但因为制作了夹层，所以引起了关员的注意，进行了例行检查，这是正常的通关手续。

（3）检查有无应税物品。对旅客携带的应税物品，海关经查验属实，将予以征税。

**案例** 旅客小李入境时携带一台境外购买的戴尔笔记本电脑，放置于随身携带的黑色行李箱内，他过海关时选择了走“绿色通道”，海关工作人员对其所携带的行李实施X光机器检查后发现疑似笔记本电脑的物品，于是要求小李接受开箱检查。开箱后发现他携带的电脑系境外购买，且电脑属于20种不予以减免税物品的范围，因此，对该台笔记本电脑予以征税。

（4）确定物品征税、免税、扣留、退运或放行。海关根据对物品的查验结果，决定后续处理方式。

## 二、查验的一般流程

### （一）查看证件

检查旅客行李前海关工作人员会先查看旅客出入境证件，排除免验旅客。

**案例** 关员小赵在对入境旅客进行检查时，请一位走“绿色通道”通关的外国男士出示护照，经查看发现他所持的是某国外交护照，经询问得知该名本来应该直接走外交通道过关的某国外交人员误选了“绿色通道”，于是指引其经由外交通道过关，其行李享受免验待遇。

**分析：**查看证件是海关工作人员例行检查的第一步骤，先查护照，便于关员及时排查信息，并第一时间排除免验旅客，避免造成外交事故，确保通关现场的良好秩序，提高旅客通关效率。

### （二）行李接受机器X光检查，即机检查验

海关关员会引导旅客自行搬运行李平放在X光机器传送带上，旅客至传送带出口等待行李转出（如图1－7所示）。

**图1－7　X光机器**

**案例** 旅客孙某在过海关时被要求将行李放置于X光机器传送带上进行检查，他认为关员不选别人就挑自己是故意的，没有主动帮他把箱子放上传送带是态度不好，于是拒绝接受检查。在经现场关员解释后，他了解了海关查验规定，自愿配合海关接受了检查。

**分析：**海关是有权对出入境旅客行李物品进行检查的，而旅客也有义务主动配合、自行搬运行李至机器传送带上接受检查。

### （三）行李接受开箱检查，即开箱手工查验

再次查看证件，并确认旅客有无申报物品。对需要开箱检查的行李物品，应由旅客自行开箱、自行重封，其间旅客应接受海关工作人员相关问题的询问。

**案例** 关员小江在用X光机器检查旅客郑某的行李箱时，发现箱内有一台疑似手提电脑的仪器，于是向郑某询问，但郑某坚称箱子里都是一些旅行用的衣物，并没有什么仪器。经开箱检查后，发现箱内放有一台境外购买的笔记本电脑，于是作征税放行处理。

**分析：**海关经机器查验行李后，如果发现可疑物品，有权作进一步开箱手工查验，在查验过程中对旅客进行询问时，旅客应该给予必要的配合。

### （四）查验正常放行

对检查后没有问题的行李，海关工作人员在协助旅客整理好物品后予以放行。

### （五）查验异常待处理

对需要后续处理的行李物品，旅客须填写申报单及接受进一步处理。

**小贴士** 后续处理方式一般包括征税、待退运、待鉴定、待处理、待报关、立案待处等，视具体情况给予不同的处理方式。

进出境物品所有人声明放弃的物品，由海关提取依法变卖处理，所得

价款在扣除运输、装卸、储存等费用后，上缴国库。

旅客携运属下列情形的物品，海关不予以放行，予以退运或由旅客存入海关指定的仓库。物品所有人应当在3个月内办理退运、结案手续。逾期不办的，由海关依照前段的规定处理。

（1）不属自用的；

（2）超出合理数量范围的；

（3）超出海关规定的物品品种、规格、限量、限值的；

（4）未办理海关手续的；

（5）未按章缴税的；

（6）根据规定不能放行的其他物品。

## 三、查验的场所和时间

查验进出境旅客行李物品的时间和场所由海关指定。海关查验行李物品时，物品所有人应当到场并负责搬移物品，开拆和重封物品的包装。海关认为必要时，可以单独进行查验。海关对进出境行李物品加施的封志，任何人不得擅自开启或者损毁。

## 四、旅客接受查验时的注意事项

《海关法》规定：上下进出境运输工具的人员携带物品的，应当向海关如实申报，并接受海关检查。因此，海关对行李物品进行查验，并不是对旅客的刁难，旅客应给予必要的配合。

目前，海关实行双人查验制度。同时，根据海关相关法规规定，海关在查验旅客进出境行李物品时，损坏被查验物品的，应当赔偿实际损失，这就保障了旅客的正当权益不受侵害。

**小贴士** 海关对行李物品进行机检X光查验时，旅客须将行李箱平放于传送带上。

**海关提醒** 持有中华人民共和国政府主管部门给予外交礼遇签证的进出境非居民旅客和海关给予免验礼遇的其他旅客，在通关时应主动向海关出示本人护照（或其他有效进出境证件）和身份证件。

## 第三节　配合征税

不少旅客入境时携带的物品种类繁多，其中难免有一些涉税物品。那么，究竟哪些物品是海关需要征税的呢？征税的标准又是什么？具体要征多少？这一节就将对征税物品的各种细节问题为您作一个详细的解答。

征税是指海关按规定对国家规定应予以征税或超出免税限量的自用合理数量范围内的物品征收行邮税。行邮税是指旅客行李物品和个人邮递物品进口税，包括关税、增值税和消费税。行邮税是多税种合并后的简称，行邮税的征收是一种简化的计征税手续。

**小贴士** （1）自用、合理数量既是海关验放进出境旅客行李物品的基本原则，也是区分货物、物品的重要标准，还是认定携运人是否违法、违法程度轻重的基本依据。

（2）征税仅针对进境物品。进口税从价计征。进口税的计算公式为：进口税税额 = 完税价格 × 进口税税率

**海关提醒** 进境居民旅客携带超出 5 000 元人民币的个人自用进境物品，经海关审核确属自用的；进境非居民旅客携带拟留在中国境内的个人自用进境物品，超出人民币 2 000 元的，海关仅对超出部分的个人自用进境物品征税，对不可分割的单件物品，全额征税。

由于行邮税征管涉及旅检、邮递等多方面，详细内容参见第四章“行邮税征管”。

# 第四节　应对处置

## 一、放行

放行是指海关办结申报、查验、征免税等手续后，准予进出境旅客将物品提离海关监管现场。

旅客经“红色通道”主动申报的，完成申报后，从“红色通道”离开。无特别申报物品的旅客，直接选择走“绿色通道”。经海关查验及办理后续手续后离开监管现场的，选择走“绿色通道”。

## 二、发现违禁品的处置

违反海关规定，构成走私或者违反海关监管规定行为的，由海关依照《海关法》、《海关行政处罚实施条例》及相关法律、行政法规的有关规定予以处理；构成犯罪的，依法追究刑事责任。对海关作出的行政处罚决定，当事人逾期不履行的，由海关按照《海关行政处罚实施条例》第六十条规定进行处理。

**小贴士**　遗留行李是指进出境运输工具到达后因错运、漏提等多种原因旅客未能即时提取的托运行李。遗留行李按照海关查验程序依法进行查验及后续处理。

# 第二章　特定人员物品通关

根据《海关法》及其他相关法律法规的规定，海关对某些特定人员物品的通关有着特殊的要求。本章为您全方位介绍留学回国人员购买免税国产汽车、我国驻外使领馆人员离任回国进境自用车辆、非居民旅客进出境行李物品、高层次人才进出境物品、常驻机构及常驻人员进出境物品的相关管理规定，重点提示这几类特定人员在申请物品进出境时所需要准备的材料及注意的事项等，希望能对您有所帮助。

## 第一节　留学回国人员购买免税国产汽车的管理规定

随着我国对外交往的不断扩大，越来越多的中国留学生到国外（境外）学习、进修，留学人员毕业回国后购买免税国产小汽车也成为人们非常关心的话题。

"我已留学毕业回国了，符合购车条件吗?""我想购买免税国产小汽车，需要提交哪些材料?""我的家人、同事中有出国留学的，但在海关办理申请购买免税国产小汽车时被告知'超过申请时限'或者'在外留学时间不够'而被'拒绝'，这到底是什么原因?""为什么留学人员不能在汽车交易市场购买免税国产汽车？留学人员在申请购买免税国产小汽车时需注意哪些问题?"以上这些都是大家经常涉及的问题，也是本节将向大家重点说明的。

**小贴士**　海关总署等七个部委于1992年10月联合发出《关于回国服务的在外留学人员用现汇购买个人自用国产小汽车有关问题的通知》，并由海关总署起草发布《海关对回国服务的留学人员购买免税国产小汽车管理办法》，对回国服务的在外留学人员购买个人自用小汽车作出规定。随着形势的发展，相关规定也不断地简化和调整。

## 一、留学回国人员的范围

留学回国人员（以下简称留学人员）是指以学习和进修为目的，在境外正规大学（学院）注册学习和进修（包括出国进修、合作研究）1学年（含1学年）以上，毕（结）业后回到国内定居、工作的中国籍留学人员。

**海关提醒** 留学人员在外学习时间是指自注册入学之日起到毕（结）业之日止。按照海关规定并经商国家教育主管部门确认，所谓“1学年”，海关一般按照学习、进修时间不少于9个月掌握。

**小贴士** 我们前面提到的“在境外正规大学学习”中的“境外”，指的是《海关法》所表述的“关境”，而非国境。因此，留学人员购买免税国产小汽车的优惠政策，同样适用于在我国香港、澳门地区学习的人员。

## 二、留学人员购买免税国产汽车须符合的五个条件

留学人员是否符合购买免税国产小汽车要求，应看他是否具备以下5个条件：

（1）在外学习（进修）的时间不少于1学年；

（2）学成后在外（实习或工作）停留时间不超过2年；

（3）学成后，应自入境之日起1年内提出购车申请；

（4）已办妥境内长期居留证明；

（5）已取得了国外大学颁发的毕（结）业证书。

**海关提醒** 留学人员购买的免税国产小汽车是要计入本人的免税指标的。按照海关规定，留学人员在境外学习期间，每满180天，有一个免税指标。留学人员如果在学期间有临时回国探亲等情况，并且在境内停留时间不超过30天的，则海关对其在外学习的时间连续计算。假如留学人员的学制是1学年，同时在学期间又有回国并停留超过30天的，那么就极有可能出现回国前后两段都不满180天的情况。因此，留学人员要特别留意这一点。

## 三、留学人员购买免税国产汽车的四点注意事项

（1）留学人员属于国家暂予保留免税指标的6类人员之一。留学人员在外学习、进修1学年以上（含1学年）的，可在其免税限量内申请购买1辆国家定点轿车生产厂家生产的轿车。

对于留学人员进境行李物品和购买免税国产汽车，海关是按其实际在外学习时间（从注册入学之日起至毕结业之日止）来计算并验放的，即连续在外每满180天可免税购买“旅客进出境行李物品分类表”第三类物品1件。对在外学习期间临时进出境的留学回国人员，其在境内停留时间不超过30天的，海关会按其连续在境外计算验放时间。

**小贴士** 海关总署1996年修订并发布执行的“旅客进出境行李物品分类表”把行李物品分为三大类：其中第一类物品是衣着、衣料、鞋、帽、工艺美术品和价值人民币1 000元以下（含1 000元）的其他生活用品；第二类物品是烟草制品和酒精饮料；第三类物品是价值人民币1 000元以上，5 000元以下（含5 000元）的生活用品。

（2）留学人员申请购车时，须提交相关证明，包括我国驻外使领馆出具的留学回国人员证明或中央人民政府驻香港、澳门特区联络员办事处出具的留学人员在港澳地区学习证明、本人有效出入境证件、公安部门出具的境内居留证明（户口本和身份证）等，准备好这些材料后，就可以到海

关办理有关申请手续了。

如果留学人员因特殊情况本人不能亲自到生产厂家办理购车手续的，可以委托由海关总署批准的代理机构代为办理购车手续。

(3) 留学人员学成后，可以继续实习一段时间再回国，但是在境外停留的时间一定不要超过 2 年。另外，留学人员毕业后，一定要在入境之日起 1 年内向海关提出购买免税国产汽车的申请，逾期海关不予以受理。

(4) 留学人员所在国家（地区）没有我驻外使、领馆或因其他特殊情况不能开具留学回国人员证明的，留学人员可在回国后至教育部，由国际合作司出具盖有“国家教委员会留学人员认证专用章”的留学回国人员证明，海关验凭按规定给予办理购车手续。

**小贴士** 为使留学人员最大限度地享受国家给予的优惠政策，海关总署已经简化了留学人员购买免税汽车的规定。根据现行的规定，留学人员毕业后可以在境外继续工作、实习一段时间，但注意一定不要超过 2 年。另外，留学人员如果在毕业后有过出入境记录，则要从首次入境时开始计算购车时限。

## 四、留学人员所购车辆的种类范围

按照规定，凡是国家定点轿车生产厂家生产的轿车，也就是我们通常所说的合资小汽车，留学人员均可购买。不过，留学人员如果选择在汽车交易市场或者 4S 店购买汽车，即使含有进口零部件，也不属于海关监管车辆，因此也就不享受减免进口零部件税费的优惠政策。留学人员如选择在汽车交易市场或 4S 店购买小汽车，有关免征车辆购置附加税问题，可以直接联系相关主管部门解决。

## 五、供应留学人员的汽车与一般汽车的区别

根据有关规定，为留学人员供应的小汽车视为免税进口，不进入流通

领域和商业环节，只能由生产厂家直接管理的销售门市部销售。这是因为，为留学人员供应的小汽车，生产厂家需要单独建档登记管理，而厂家所在地海关需要凭生产厂家提供的经海关签章的“回国人员购买国产汽车准购单”（以下简称准购单，如图2－1所示）、销售发票等办理进口零部件的定期核销和减免税手续审批。留学人员如果到汽车市场或4S店直接购买，将脱离海关实际监管，因此不属于海关监管范围。

**中华人民共和国　　　海关**

## 回国人员购买国产汽车准购单

编号：__________

现准予__________购买__________

__________车壹辆。

护照号码：__________申请人签字：__________

有效期至　　年　　月　　日

---

经办人签字：__________

印　章

审批人签字：__________　　年　　月　　日

第一联　海关备案联　（签发海关留存）

图2－1　回国人员购买国产汽车准购单

留学人员应首先向其居住地或者工作地主管地海关提出申请，主管海关审核通过后，留学人员持主管海关核发的准购单等直接向生产厂家购车。

## 六、留学人员所购免税国产汽车包含的税种

留学人员购买的免税国产汽车所免的税项包括：其关键件或成套散件进口环节的关税、增值税和车辆购置税等。

**小贴士** 不同型号和档次的汽车，由于国产化率不同，整车的进口零部件比例也不尽相同，因此减免的税费也就相应的不同。国产化率低的车，免税的价格就可能比市场价低很多，相应地，享受减免税优惠的程度就大一些。反之，免税价格与市场价的价差就小。大家购车时可留意一下！

## 七、留学人员申请购买免税国产汽车须提交的单证

留学人员购买免税国产汽车须持下列证件和材料向主管地海关提出申请，办理审批手续：

（1）留学人员有效出入境证件（护照）；

（2）留学回国人员证明（ 或在港澳地区学习证明）；

（3）公安部门出具的境内居留证明（户口簿、身份证）；

（4）备案地海关要求提供的其他证明文件［包括：毕（结）业证书或在外进修证明等］；

（5）填写好的中华人民共和国海关进出境自用物品申请表（以下简称进出境自用物品申请表，如图 2－2 所示）。

**海关提醒** 根据海关总署 2010 年第 81 号公告的要求，自 2011 年 1 月 1 日起，留学人员办理购买免税国产汽车申请手续，纳入计算机系统管理，

JG41

海关编号
Customs Serial No.__________

# 中华人民共和国海关
# CUSTOMS OF THE PEOPLE'S REPUBLIC OF CHINA
## 进出境自用物品申请表
## APPLICATION FORM FOR IMPORT/EXPORT OF ARTICLES FOR PERSONAL USE

申请人姓名（中英文） Applicant's Name (Chinese and/or English)_____ 性别 Sex________ 国籍 Nationality_______ 出生年月 Date of Birth ________

所在机构名称及海关代码 Organization and Customs Code__________ 住址 Address__________

护照或通行证号码 Passport/Pass No.__________ 居留证件号码 Residence Permit No. __________ 身份证件号码 ID No.__________

物品批文号 Permit No. of Articles__________ 联系电话 Telephone__________ 进/出境 Entry/Exit ______ 进出境口岸 Entry /Exit Port ______

启运/运抵国（地区） Departure/Destination Country (Region)__________ 装货/指运港 Port of Loading/Delivery __________

运输方式（水路 铁路 汽车 航空 邮政 其它） Means of Transport: (water rail road air mail other)__________ 运输工具名称 Carrier's Name__________

航次（班）号 Voyage/Flight No. ______ 提运单号 Bill of Lading No. __________ 件数 Number of Piece (s)___ 毛重（千克） Gross Weight (kg)___

备注 Remarks__________

**以下内容可委托代理公司填写**
**The following may be completed by the Agency (Agent) entrusted.**

申请人身份类别 Status of Applicant________ 进/出境日期 Entry/Exit Date ________ 包装种类 Type of Package ___ 体积 Volume ______ 标箱数 Number of TEU_____

内包装件数 Quantity of Inside Packages________ 受托方名称及海关代码 Agency/Agent and Customs Code No.__________

**本人申报进/出境下列行李物品，并保证所有申报属实。**
**I, the undersigned, hereby apply for the importation /exportation of the following luggage items and guarantee that all my declaration is true.**

| 项 号 Item No. | 物品税号 Tariff Code | 物品名称 Descriptions | 规格/型号 Speci./ Model | 数量 Quantity | 单位 Unit | 币制 Currency | 总价 Total Value | 备注 Remarks |
|---|---|---|---|---|---|---|---|---|
| | | | | | | | | |
| | | | | | | | | |
| | | | | | | | | |
| | | | | | | | | |
| | | | | | | | | |

| | |
|---|---|
| 申请人签名 Applicant's Signature<br><br>机构签章 Seal of Organization<br><br>申报日期 Date of Application　　附 ____ 页 Pages Attached | 海关批注 Customs Remarks<br><br>海关签章 Customs Seal |

图 2－2　进出境自用物品申请表

申请时除提交相关书面材料外，还需要进行电子数据的录入，并将电子数据信息发送至主管海关。

## 八、留学人员申请购买免税国产汽车的流程

留学人员应在规定的期限内确认准备购买汽车的厂牌型号和购车地点，向主管海关交验有效进出境证件、留学回国人员证明、户口簿和身份证、毕（结）业证书等，并填写进出境自用物品申请表。

主管海关审核留学人员提交的有关材料，符合购车条件的，予以核批签章，并制作关封交留学人员。主管海关同时将申报的电子信息数据发送至汽车生产厂家所在地海关。

留学人员持主管海关制作的关封到汽车生产厂家的主管海关办理登记备案手续，海关在准购单上签章后，就可以到厂家购买汽车了。最后提醒留学人员，购车后，还需要回到申请地海关，凭购车发票换领准购单的留学人员专用联，留学人员凭此联可以到税务部门办理车辆购置税的减免手续。

**小贴士** 根据规定，留学人员既可以在长期居住地，也可以在工作地向主管海关提出购买免税国产汽车的申请。例如，户口、身份证是湖南长沙的，但现在在天津工作，可以持相关证件以及天津公安机关发给的暂住证明，到天津海关办理购买免税国产汽车的申请手续。当然，关于具体做法，还建议大家咨询当地海关具体办理部门。

## 九、可代办留学人员提车手续的三家机构

为方便留学人员购车，国家有关部门先后审核批准了北京中汽总回国留学人员购车服务有限公司、北京中企诚谊留学回国人员服务有限公司和中国出国人员服务总公司3家机构代理留学人员申请和购买免税国产小汽车事宜。留学人员如果因工作繁忙等原因，可以咨询并委托上述代理机构

代为办理提车、验车和上牌等手续。

**案例1** 2012年3月20日，留学回国人员王晓（化名）到海关办理其购买免税国产汽车的申请手续。王晓向海关提交了护照、户口簿和身份证、留学回国人员证明及其国外大学颁发的毕业证书，填写了进出境自用物品申请表。海关关员审核后对其申请未予以批准，王晓对此不解，后经过海关关员的耐心解释，王晓最终放弃了申请。这到底是怎么回事呢?

原来，王晓2008年到美国留学，2010年年底学成回国，并获得硕士毕业证书。按照规定她完全符合购买免税汽车的规定，但是当她准备申请购买免税汽车时，北京市出台了小客车调控政策，所有人员购车前，都需要经过摇号取得号牌资格。因此，王晓一直在等待摇号的结果，也就没有在规定的一年内向海关提出申请，等到2012年3月王晓取得号牌资格后，其向海关申请的最后期限已经过了3个多月，因此海关对其购车申请未予以受理。

此事的直接原因虽然较为特殊，且并不涉及全国所有城市，但我们在此仍然要提醒广大留学人员，留学人员购买免税国产汽车的时限是毕业后入境之日起1年，如您对海关规定不是很熟悉，最好及时向海关咨询，以免造成无法挽回的损失和遗憾。

**案例2** 2010年5月，留学人员黄先生来到海关办理其购买免税国产小汽车的申请手续。黄先生是国内某著名大学的教授、赴美国哈佛大学进修并从事科学研究的访问学者，当年3月份才从美国回国，准备利用此次进修取得的免税指标购买一辆国产小汽车。海关关员热情接待了黄先生。在审核黄先生提交的相关材料时，海关关员发现，黄先生提交的所谓进修证明是一张由美国移民局在其入境时发给他填写的“IAP66表”，并非哈佛大学出具的进修证明，尽管黄先生的其他单证齐全，但海关关员仍拒绝接受其购车申请。在向其说明情况后，黄先生表示理解并决定回去补开相关证明后再来办理。

我们在此特别提示：在留学人员购车应提交的单证中，有一项是“海关要求提供的其他证明文件”，这里指的就是留学人员的毕（结）业证书或者进修（或合作研究）人员的进修证明，而“IAP66表”并非留学人员所在大学出具，不能当做进修的证明。因此，敬请广大留学人员注意这点，以免因单证不齐和多次往返而耽误购车。

## 第二节　我驻外使领馆人员离任回国进境自用车辆的管理规定

为配合我驻外使领馆车辆管理制度改革，经国务院批准，海关总署发布《驻外使领馆工作人员离任回国所携自用车辆进口税收的暂行规定》（以下简称《暂行规定》）的第41号公告。《暂行规定》准予驻外使领馆工作人员离任回国时将所购自用车辆携带回国，并给予适当的税收优惠。

那么，馆员带进车辆优惠政策包括哪些方面？进境的车辆在征收进口环节增值税和消费税时，海关应如何折旧？进境的车辆多长时间可以转让，是否需要补税？这些都是驻外馆员们最想了解的，也是本节要为大家着重说明的。

### 一、适用人员的范围与带进车辆的条件

《暂行规定》的适用人群仅限于参加车辆管理制度改革试点驻外使领馆中享受常驻人员待遇的工作人员（以下简称馆员），不包括驻中国港澳地区内派机构的工作人员和其他我常驻境外机构的工作人员。

对满足以下条件之一的离任回国馆员，携带的1辆进境机动车辆，免征进口关税，但进口环节增值税、消费税照章征收：

（1）在国外累计任职时间满2年，但不超过2个标准任期的；

（2）从第3个标准任期开始，每一标准任期任满4年离任的。

## 二、对车型和使用的要求

第一，根据公告和《暂行规定》要求，进境自用车辆限定为小轿车（含越野车），其他类型的车辆是不能带进的。

第二，由于我们国家是使用左舵车的国家，那么在使用右舵车的国家或地区工作的馆员，其任内所购的右舵车，在离任前处置后，可以购买1辆左舵小轿车带回国内。

第三，馆员任职期间购买和使用的左舵车是有使用1年年限要求的，即从购买之日（购车发票上日期）到离任回国，不能少于1年。

## 三、通关注意事项

### （一）请注意申报时限

根据《暂行规定》，馆员应该在本人入境后6个月内向其国内居住地的直属海关或者经直属海关授权的隶属海关（以下简称主管海关）提交书面申请。因此请一定在规定时间内申报，否则将无法通过海关审核，并有可能造成经济上的损失。

### （二）办理进境申报手续时须向海关提交的单证

馆员在办理自用车辆的进境申报手续时须向海关提交以下单证：

（1）护照、居民身份证；

（2）我驻外使领馆出具的驻外使领馆人员身份证明（如图2－3所示）；

（3）国内外派主管部门出具的我国驻外使领馆人员离任回国证明书（如图2－4所示）；

（4）提（运）单、购车发票、装箱单等相关单证；

（5）中华人民共和国海关进出境自用物品申请表。

#7097 P.002

驻 ____________ 馆身份证明 [20 ] 字第 号

驻外使领馆人员身份证明

兹证明__________先生/女士系我国在 ________洲__________国家____________________________使/领馆任职并享受常驻人员待遇的工作人员，其护照号码为：____________ ，其任职期间购买自用车辆1辆，购车日期 ______ 年___月___日，购车发票号码为：____________________，在国外使用时间约____年

（驻在国是/否为使用右舵车的国家）

馆员本人签字：

使领馆负责人签字：

使领馆印章：

________年___月___日

第一联 海关留存联

**图 2-3 驻外使领馆人员身份证明**

回国证明　　字[20　]第　　号

**我国驻外使领馆人员离任回国证明书**

兹证明＿＿＿＿＿先生／女士系＿＿＿＿＿＿＿＿＿＿＿(主管单位名称)派出的我国驻外使领馆人员，其在＿＿＿＿＿＿＿＿使／领馆任职，护照号码为＿＿＿＿＿＿＿＿＿，居民身份证号码为：＿＿＿＿＿＿＿＿＿＿。

该先生/女士在外常驻时间具体如下：

第一标准任期自＿＿年＿月＿日至＿＿年＿月＿日，是/否离任，离任回国入境日期＿＿年＿月＿日；

第二标准任期自＿＿年＿月＿日至＿＿年＿月＿日，是/否离任，离任回国入境日期＿＿年＿月＿日；

第三标准任期自＿＿年＿月＿日至＿＿年＿月＿日，是/否离任，离任回国入境日期＿＿年＿月＿日；

第四标准任期自＿＿年＿月＿日至＿＿年＿月＿日，是/否离任，离任回国入境日期＿＿年＿月＿日；

第五标准任期自＿＿年＿月＿日至＿＿年＿月＿日，是/否离任，离任回国入境日期＿＿年＿月＿日；

该同志现离任回国，拟申请进境自用车辆1辆，请海关协助其办理相关手续。

馆员本人签字：

经办人签字：

主管单位人事部门印章

第一联　海关留存联　　　　　　　　　　＿＿＿＿年＿月＿日

**图 2－4　我国驻外使领馆人员离任回国证明书**

主管海关自接受申请之日起 5 个工作日内审核批准。

**海关提醒**　如果是军人身份的驻外使馆人员，请交验本人的军官证或士官证。

### （三）提车后须及时申领“领/销牌照通知书”

经批准进境的机动车辆，应当自进境地海关放行车辆之日起20个工作日内，向主管海关申领“中华人民共和国海关监管车辆进/出境领/销牌照通知书”（以下简称“领/销牌照通知书”，如图2－5所示），依法在公安交通管理部门办理机动车注册登记手续，公安交通管理部门核发小型汽车号牌。

中华人民共和国海关　　（　）_关____号

监管车辆 **进/出** 境 **领/销** 牌照通知书

| | | | |
|---|---|---|---|
| 单位名称________ | | 牌名、型号________ | |
| 所有人________ | | 发动机号________ | |
| 单位________ | | 车牌号码________ | |
| | | 以下由车管所批注 | |
| 海关编号________ | 海关签章 | 牌照号码________ | |
| 批准日期________ | | 牌照日期________ | |
| 关员印章________ | | 车管所印章________ | |

一式三联　第一联　车管部门留存

**图2－5　监管车辆进/出境领/销牌照通知书**

**海关提醒**　根据海关总署2010年第81号公告的要求，驻外使领馆离任回国人员办理车辆进境手续，纳入计算机系统管理。申报时，除提交相关书面材料外，还需要进行电子数据的录入，并将电子数据信息发送至主管海关。

**小贴士**　尽管驻外馆员可以带进旧机动车辆，但我国很多城市对汽车的排放都有严格的要求，因此您回国前应最好提前咨询国家环保部门，了解自己车辆进境后，能否符合国家有关汽车尾气排放标准，以免因无法通过环保检测上不了牌照，而造成经济上的损失。

### （四）进境机动车辆的折旧方法

进境车辆的征税是每一个馆员都很关心的，那么海关对车辆是如何征税，又以什么标准折旧的呢？首先，海关的征税依据是以馆员购车发票价格（驻在国外交人员免税价格）为基础，对进境车辆的价格从车辆购买之日起至进境之日止，按年折旧。不足 1 年但超过 6 个月的，按 1 年折算；不超过 6 个月的不予以折算。但折旧后的价格不能低于新车价值的 40%。具体折旧率如下：

（1）非洲地区按每年 15% 计算；

（2）其他国家或地区按每年 12.5% 计算。

### （五）进境车辆须接受海关的后续监管

（1）馆员离任回国进境的免税自用车辆属于海关监管车辆，监管期限为自海关放行之日起 3 年。

（2）在监管期限内，馆员进境的海关监管车辆不得擅自转让、出售或者进行其他处置。馆员如有特殊情况需转让、出售或者处置其进境的海关监管车辆，应报经主管海关批准，并持本人身份证件和机动车行驶证等相关单证向主管海关提出书面申请。主管海关审核并对有关车辆依法补征税款后，开具“中华人民共和国海关监管车辆解除监管证明书”（以下简称解除监管证明书，如图 2－6 所示），馆员凭此依法在公安机关交通管理部门办理有关手续。

**海关提醒** 馆员需要特别了解的是，海关对需补税的车辆并不只是简单对进口关税进行补征，补税时还需要补征部分增值税和消费税。因为离任馆员进口车辆免征的只是进口关税，增值税和消费税需照章征税，而车辆进口增值税和消费税的计征公式中都包含进口关税项，而这两项税的计税公式中，进口关税项下均为零。因此，海关在补税时需要将这部分免除的税款补齐！

中华人民共和国海关

监管车辆解除监管证明书存根

海关编号：（　　）__关____号　　　　**********

| | | | |
|---|---|---|---|
| 车辆牌名 | | 发动机号 | |
| 车辆型号 | | 车架号 | |
| 车身颜色 | | 行驶证号码 | |
| 进口日期 | | 进口批件号 | |

海关签章：　　　　经办人：　　　　年　月　日

…………………………………………………………………………

骑缝章处

中华人民共和国海关

监管车辆解除监管证明书

海关编号：(　　)__关____号

根据海关现行规定，________________经我关批准进境的机动车辆已满海关监管期限，现准予解除监管，特此证明。

| | | | |
|---|---|---|---|
| 车辆牌名 | | 发动机号 | |
| 车辆型号 | | 车架号 | |
| 车身颜色 | | 行驶证号码 | |
| 进口日期 | | 进口批件号 | |

经办关员签章：____________海关印章：____________

年　月　日

**图 2－6　监管车辆解除监管证明书**

（3）馆员进境自用车辆的海关 3 年监管期限届满的，即可持“中华人民共和国海关公/自用车辆解除监管申请表”（如图 2－7 所示）、本人身份证件和机动车行驶证向主管海关提出解除监管的申请。主管海关核准后，开具解除监管证明书，馆员凭此依法在公安机关交通管理部门办理有关手续。

中华人民共和国海关
CUSTOMS OF THE PEOPLE'S REPUBLIC OF CHINA

公/自用车辆解除监管申请表
APPLICATION FORM FOR LIFTING CUSTOMS CONTROL OVER OFFICIAL/PERSONAL VEHICLES

申请日期 Application date________________　　海关注册号码 Serial No. ____________

| 车辆牌照 Vehicle license plate | 厂牌型号 Brand and model | 发动机号 Engine No. | 车架号码 Chassis No. |
|---|---|---|---|
| | | | |
| 申请方 Applicant<br><br>签字或印章 Signature or seal | | | |
| 海关批注 Customs remark | | 经办关员 Customs officer<br><br>批准日期 Approval date<br><br>海关印章 Customs seal | |

**图 2－7　公/自用车辆解除监管申请表**

**案例** 2007 年 4 月 5 日，我驻某国大使馆外交人员瞿先生离任回国，携运进境自用汽车 1 辆。7 月 25 日，瞿先生的车辆运抵天津新港，随即持相关单证来到海关办理其进境车辆的申请手续。按照《暂行规定》，在使用右舵车的国家或地区工作的驻外馆员，其任内所购右舵车处置后，可以购买左舵小汽车 1 辆，同时不受任内使用 1 年的限制。瞿先生本次任职所在的国家属于英联邦国家，是使用右舵车的国家，因此瞿先生在离任后购买了 1 辆左舵车并携带回国。海关关员在审核瞿先生提交的相关单证时还是发现了问题。那么，问题到底出在哪儿呢？原来，瞿先生 2007 年 4 月 5

日离任回国，其购车发票上的购买日期是2007年5月22日，距离其离任回国的入境日期已经过了1个多月，应该属于回国后所购的车辆，而非《暂行规定》中要求的“在任内将所购车辆处置后购买的左舵小轿车”携运进境。因此海关对其申请未予以受理。经进一步了解，原来瞿先生此次是提前奉命回国，因时间较为紧迫，没来得及将右舵车处理。于是就委托使馆同事帮助处理，左舵车也是其离任回国后委托驻外使馆同事帮助订购的。

尽管此次情况较为特殊，但我们在此还要特别提醒使用右舵车国家和地区的馆员们注意，一定要在离任前做好相关车辆的处置和更换工作，以免造成经济上的损失。

## 第三节　非居民旅客进出境行李物品通关的管理规定

随着我国改革开放的不断深入和对外交往的扩大，越来越多的境外人员到中国工作和学习。对境外人员而言，最关心的就是进出境行李物品如何办理通关手续，怎样可以快速通关。为了适应形式的发展，规范海关对上述人员进出境物品的管理，海关总署于2004年颁布实施了《中华人民共和国海关对非居民长期旅客进出境自用物品监管办法》（以下简称为《非居民监管办法》），取代了已沿用20年的对常驻机构和常驻人员进出境物品管理的旧规定。

### 一、非居民旅客与外国籍旅客的区别

非居民旅客是指进境居留后仍回到境外其通常定居地者，既包括外籍人员也包括中国港澳台地区人员和华侨。而外国籍非居民旅客是指除中国籍旅客以外的所有旅客，包括无国籍人，应邀来华访问、洽谈贸易、旅游和从事科技、文化交流、展览等活动的外籍人员，以及外国企业、新闻、贸易等常驻机构的常驻人员及外国专家，外国留学生等。

非居民旅客中经中国政府主管部门批准进境连续居留1年以上（含1

年）的，被称作“非居民长期旅客”。

海关对非居民长期旅客进出境行李物品的管理，依据的是《非居民监管办法》。

## 二、通关手续

### （一）非居民长期旅客进境物品

（1）对非居民长期旅客进出境自用物品，海关按照《非居民监管办法》办理有关审批手续。非居民长期旅客进境自用物品应注意以下 4 点：

①非居民长期旅客在取得境内长期居留证件后方可申请进境自用物品。

②进境的自用物品必须是非居民长期旅客在境内居留期间日常生活所必需的、“中华人民共和国海关旅客进出境行李物品分类表”所列物品（烟、酒除外)，且应以个人自用、合理数量为限。

③非居民长期旅客，如果不属于常驻人员的，不准予进境自用机动车辆。

④非居民长期旅客首次申请进境的自用物品海关予以免税，但按照《非居民监管办法》准予进境的机动车辆和国家规定应当征税的 20 种商品除外。从第二次开始申请进境的自用物品的，一律予以征税。对于应当征税的自用物品，海关按照《中华人民共和国进出口关税条例》（以下简称《关税条例》）的有关规定征收税款。

**小贴士** 国家规定应当征税的 20 种商品包括电视机、摄像机、录像机、放像机、音响设备、空调器、电冰箱（柜)、洗衣机、照相机、复印机、程控电话交换机、微型计算机、电话机、无限寻呼系统、传真机、电子计算器、打印机及文字处理机、家具、灯具和餐料。

（2）非居民长期旅客进境自用物品时，应该向海关提交本人有效身份证件、长期居留证件、提（运）单、装箱单等相关单证，填写进出境自用物品申请表，向境内居住地主管海关提出申请，主管海关自接受申请之日起3个工作日内答复。主管海关审核批准后，进境地海关凭主管海关的审批单证和其他相关单证予以验放。

**海关提醒** 根据海关总署2010年第81号公告的要求，非居民长期旅客申请进境自用物品手续时，除提交相关书面材料外，还需要进行电子数据的录入，并将相关电子数据信息发送至主管海关。

**小贴士** 须特别提醒非居民长期旅客的是，由于公安出入境管理部门办理外国人居留许可有5个工作日的时限以及其他一些不确定原因，并非所有非居民旅客取得的外国人居留许可都是满1年的。如果居留时间的起止日期不足1年，这类旅客将不属于海关总署《非居民监管办法》中规定的非居民长期旅客。

### （二）非居民长期旅客出境物品

外国籍长期旅客将原进境的自用物品复运出境，应当持身份证件、长期居留证件、申请表等有关单证向主管海关提出申请，主管海关自接受申请之日起3个工作日内答复。出境地海关凭主管海关的审批单证予以验放。

**案例** 2010年9月，日本某驻华常驻机构的常驻代表佐藤先生到海关办理其安家物品的进境申请手续。海关关员在审核其提交的材料后，通过查询计算机系统发现佐藤先生半年前曾经申请进境了自用物品，海关依照规定予以免税验放。按照《非居民监管办法》的有关规定，非居民长期旅客取得境内长期居留证件后，首次申请进境的自用物品海关予以免税，再次申请进境的自用物品，一律予以征税。因此，海关关员对佐藤先生此次进境物品照章征税。

佐藤先生对海关的相关规定表示理解，同时他也向海关关员解释说，他是于今年年初来中国工作的，当时由于国内有一些事情没处理完，其夫人和孩子直到8月份才到中国与他团聚。他们的自用安家物品以海运方式从日本运抵天津新港。而他刚来中国时向海关申请进境的物品，是他空运进境的少量日常生活用品。他希望改以他夫人的名义申请进境自用安家物品，并享受首次免税进境的待遇。后经过海关关员的仔细审核，并在佐藤先生重新更正了提单上收货人姓名后，依照《非居民监管办法》，为佐藤先生的夫人办理了自用物品的进境审批手续。

海关之所以同意佐藤先生的请求，主要是考虑以下原因：一是佐藤夫人已经取得了外国人长期居留许可，符合《非居民监管办法》的规定；二是佐藤先生按照程序将海运提单上收货人姓名变更为其夫人的名字。

## 第四节　高层次人才进出境物品的管理规定

自从国家启动鼓励高层次留学人才和海外科技专家回国（来华）工作的计划以来，高层次人才进出境物品就一直是大家热议的话题。对于高层次人才来说，他们更关心的，是他们高层次人才的身份应该怎么确定或者由哪一类单位确定，以及高层次人才能不能进境科研教学实验设备和科学仪器？高层次人才在国内生活期间进境自用物品怎么办理申请手续？怎么能够快速通关？本节就此为高层次人才作一个全面解读。

**小贴士**　“高层次人才”是高层次留学人才和海外科技专家的统称。其中“高层次留学人才”是指我国公派或自费出国留学，学成后在海外从事科研、教学、工程技术、金融、管理等工作并取得显著成绩，为国内所急需的高级管理人才、高级专业技术人才、学术技术带头人，以及拥有较好产业化开发前景的专利、发明或专有技术的人才。高层次人才的身份需要由国家人社部、教育部认定，而一般应聘专家则不用。

### 一、有资格认定高层次人才身份的机构

按照《中华人民共和国海关对高层次留学人才回国和海外科技专家来

华工作进出境物品管理办法》（以下简称《高层次人才管理办法》）的规定，高层次人才的身份一律由中华人民共和国人力资源和社会保障部、中华人民共和国教育部或者其授权的部门认定。

**海关提醒** 高层次人才身份具体认定部门分别为人力资源和社会保障部专业技术人员管理司、教育部国际交流合作司以及各省、自治区和直辖市人民政府人事、教育主管部门。

## 二、高层次人才进境科研、教学物品的管理规定

《高层次人才管理办法》为高层次人才进境合理数量的科研、教学物品作了明确规定，在下列范围内的，海关依据规定予以免税验放：

（1）科学研究、科学试验和教学用的少量和小型检测、分析、测量、检查、计量、观测、发生信号的仪器、仪表及其附件；

（2）为科学研究和教学提供必要条件的少量的小型试验设备；

（3）各种载体形式的图书、报刊、讲稿、计算机软件；

（4）标本、模型；

（5）教学用幻灯片；

（6）实验用材料。

## 三、高层次人才进境自用物品的管理规定

《高层次人才管理办法》规定，高层次人才回国定居或者来华工作连续 1 年以上（含 1 年）的，进境下列范围内合理数量的自用物品，海关依据规定予以免税验放：

（1）首次进境的个人生活、工作自用的家用摄像机、照相机、便携式收录机、便携式激光唱机和便携式计算机等；

（2）日常生活用品，如衣物、床上用品和厨房用品等；

（3）其他自用物品（国家规定应当征税的 20 种商品除外）。

## 四、高层次人才进境科研、教学用品的通关

高层次人才进境科研、教学用品时，除应向海关提交人力资源和社会保障部、教育部或者其授权部门出具的“高层次人才证明”（如图2-8和图2-9所示）外，还应当按照下列规定办理海关手续：

**海外高层次留学人才证明（存根）**

人专留关[　　] 号

__________（单位）______国籍 _____（先生/女士）系来华（回国）工作的（海外高层次留学人才/科技专家），前往 _______海关办理携运物品进境手续。

年　月　日

---

**海外高层次留学人才证明**

人专留关[　　] 号

________ 海关：

按照《关于在留学人才引进工作中界定海外高层次留学人才的指导意见》（国人部发[2005]25 号）和《关于回国（来华）专家工作有关问题的通知》（人专发[1995]36 号）文件规定，经驻外使（领）馆和国内用人单位推荐，________先生（女士）系来华（回国）工作的（海外高层次留学人才/科技专家），护照号码：________。请按照规定，对其携运物品予以办理进境手续。

人力资源社会保障部

专业技术人员管理司

年　月　日

图2-8　高层次留学人才证明（人力资源社会保障部）

## 海外高层次留学人才证明（存根）

XXX[　　] 号

__________（单位）______国籍 ______（先生/女士）系来华（回国）工作的（海外高层次留学人才/科技专家），前往 ________海关办理携运物品进境手续。

年　月　日

## 海外高层次留学人才证明

XXX[　　] 号

________ 海关：

按照《关于在留学人才引进工作中界定海外高层次留学人才的指导意见》（国人部发[2005]25 号）和《关于回国（来华）专家工作有关问题的通知》（人专发[1995]36 号）文件规定，经驻外使（领）馆和国内用人单位推荐，________先生（女士）系来华（回国）工作的（海外高层次留学人才/科技专家），护照号码：________。请按照规定，对其携运物品予以办理进境手续。

XX 省（市）人力资源和社会保障厅（局）

年　月　日

图 2－9　高层次留学人才证明（省/市人力资源和社会保障厅/局）

（1）以随身携带、分离运输方式进境科研、教学物品的，应当如实向海关书面申报，并提交本人有效出入境身份证件；

（2）以邮递、快递方式进境科研、教学用品的，应当向海关如实申报，并提交本人有效出入境身份证件。

海关依据有关规定予以免税验放。

## 五、高层次人才进境自用物品的通关

回国定居或者来华工作连续1年以上的高层次人才进境携带自用物品时，应当向主管海关交验下列单证，办理有关手续：

（1）本人有效进出境身份证件；

（2）境内长期居留证件或者回国（来华）定居专家证；

（3）高层次人才证明；

（4）中华人民共和国海关进出境自用物品申请表。

经主管海关审核批准后，进境地海关凭主管海关的审批单证和其他相关单证对上述物品予以验放。

**海关提醒** 为充分体现国家对高层次人才回国（来华）工作的鼓励，《高层次人才管理办法》对其进境物品的通关手续进行了简化，并给予极大的便利。对在节假日或者非正常工作时间内以分离运输、邮递或者快递方式进出境的物品，有特殊情况需要及时验放的，海关可以预约加班，在约定的时间内为其办理物品通关手续。

**小贴士** 高层次人才如果随身携带或者以分离运输方式运进科研教学物品进境，应在进境时填写旅客行李申报单，并主动向海关申报。

## 六、应办理科教用减免税审批的物品及暂时进境物品

以下两种情况应分别按照科教用品减免税规定和暂时进境物品的规定办理有关手续：

（1）高层次人才回国（来华）后，因工作需要从境外运进少量消耗性的试剂、原料、配件等，应当由其所在单位按照财政部、海关总署、国税总局颁布的《科学研究和教学用品免征进口税收规定》办理有关手续。

（2）高层次人才因工作需要，从境外临时运进少量非消耗性科研、教

学用品的，可以由其所在单位向海关出具保函，海关按照暂时进境物品办理有关手续，并监管其按期复运出境。

## 七、高层次人才进境自用机动车的管理规定

《高层次人才管理办法》规定，高层次人才可依据有关规定申请从境外运进自用机动车辆1辆（限小轿车、越野车、9座及以下小客车），海关依据有关规定予以征税验放。高层次人才进境自用车辆不受车辆新旧规定的限制。

高层次人才办理自用机动车辆申请时，应向海关提交以下单证：

（1）本人身份证件；

（2）境内长期居留证件或者回国（来华）定居专家证；

（3）高层次人才证明；

（4）中华人民共和国进出境自用物品申请表；

（5）提（运）单、发票、装箱单等相关单证。

高层次人才经批准征税进境的机动车辆属于海关监管车辆，应依法接受海关监管。

高层次人才可以在机动车辆自海关放行之日起1年后向主管海关提出解除海关监管的申请，主管海关按照《海关对非居民长期旅客进出境自用物品监管办法》的有关规定办理（具体流程可参见“第五节　常驻机构及常驻人员进出境物品管理规定”）。

## 八、高层次人才出境物品的管理规定

高层次人才在华工作完毕返回境外时，以随身携带、分离运输、邮递、快递等方式出境原进境物品的，应当按照规定办理相关海关手续。

高层次人才因出境参加各种学术交流等活动的需要，以随身携带、分离运输、邮递、快递等方式出境合理数量的科研、教学物品，除国家禁止出境的物品外，海关按照暂时出境物品办理有关手续。

**海关提醒** 根据海关总署2010年第81号公告的要求，非居民长期旅客办理自用物品进境申请手续时，除提交相关书面材料外，还需要进行电子数据的录入，并将电子数据信息发送至主管海关。

**案例** 2009年6月，高层次人才、清华大学物理系特聘教授王某某来到北京海关，就其从德国进境的自用物品和科研教学用品的进境申报手续进行咨询。据了解，王某某所从事的研究项目属于我国目前亟须攻克的高精尖项目之一，有着极其重要的战略意义。其在美国留学多年，曾分别在美国和德国的著名大学担任教授。此次回国，他费尽周折，想尽一切办法说服了德国的出口管理部门，并准备分三批将其在德国实验室的科研设备运回国内。首批准备进境的物品中，除了其在德国的自用生活物品外，还有一台是小型试验仪器和少量教学设备。针对以上情况，海关关员除热心为王某某解答所关心的进境自用生活物品海关通关手续外，还积极与相关主管部门取得联系，协调有关事宜。最后，海关关员根据《高层次人才管理办法》的有关规定，对其首次以分离运输方式进境的自用物品和小型科研仪器等均按照自用物品办理了审批手续并免税验放。而对于王某某第二批和第三批准备运进的实验设备，海关关员嘱其由聘用单位清华大学，按照《科学研究和教学用品免征进口税收规定》办理减免税审批手续。

## 第五节　常驻机构及常驻人员进出境物品的管理规定

上节我们已经为大家介绍了海关对非居民长期旅客进出境物品的规定，那么常驻人员和非居民长期旅客有什么不同？常驻人员包括哪几类境外人员？常驻机构又是一种什么性质的机构呢？常驻机构和常驻人员进出境物品如何办理通关手续？本节将为您做一个说明。

## 一、了解常驻机构

《中华人民共和国海关对常驻机构进出境公用物品监管办法》（以下简称《常驻机构监管办法》）第二十一条明确规定，“常驻机构”是指境外企业、新闻机构、经贸机构、文化团体及其他境外法人，经中华人民共和国政府主管部门批准，在我国境内设立的常设机构。目前，国内有很多国际教学机构或者国际学校，并组织招生。这类机构都不能算是常驻机构。

**小贴士** 常驻机构不同于外商投资企业。前者只是境外企业的派驻机构，其任务只是负责境外总公司与中国国内相关对口单位的业务咨询和联络工作，不能开展经营活动和收取费用；而后者则是境外企业直接投资的，实行独立核算、自负盈亏的经济实体。

## 二、常驻机构公用物品的范围及进出境管理规定

常驻机构进出境的公用物品是指常驻机构开展业务所必需的办公设备、办公用品及机动车辆。常驻机构经主管海关批准进境的公用物品均须照章征税。

常驻机构进境的货样、广告品及暂时进口货物，经主管海关核准后，按照相关规定办理验放手续。

## 三、常驻机构备案的办理流程

根据《常驻机构监管办法》的有关规定，只有在海关办理了注册备案后，常驻机构才能够申请进境公用物品。常驻机构首次申请进境公用物品前，应当凭下列文件向主管海关办理备案手续：

（1）设立常驻机构审批机关的批准文件正本和复印件；

（2）主管部门颁发的注册证明正本和复印件；

（3）常驻机构报关印章式样；

（4）常驻机构负责人签字式样、身份证件正本和复印件；

（5）常驻机构人员备案信息表（如图2－10所示），其中应包含常驻人员姓名、性别、国籍、有效进出境证件号码、长期居留证件号码、到任

N5

**常驻机构人员备案信息表**

**INFORMATION FORM OF RESIDENT ORGANIZATION PERSONNEL**

机构名称及海关代码：
Organization Name and Customs Code: ____________________

| | | |
|---|---|---|
| 姓名（英文）<br>Name (English) | | 姓名（中文）<br>Name (Chinese) |
| 性别 男 □ 女 □<br>Sex male □ female □ | 国籍<br>Nationality | 出生日期 ____年____月____日<br>Date of Birth Year__ Month __ Date__ |
| 职衔 首席代表 □ 一般代表 □ 工作人员 □<br>Post & Title Chief Representative □ General Representative □ Staff □ | | |
| 护照或通行证号码<br>Passport/Pass No. | 居留证件号码<br>Residence Permit No. | 身份证件号码<br>ID No. |
| 住址<br>Address | | |
| 备注<br>Remarks | | |
| 姓名（英文）<br>Name (English) | | 姓名（中文）<br>Name (Chinese) |
| 性别 男 □ 女 □<br>Sex male □ female □ | 国籍<br>Nationality | 出生日期 ____年____月____日<br>Date of Birth Year__ Month __ Date__ |
| 职衔 首席代表 □ 一般代表 □ 工作人员 □<br>Post & Title Chief Representative □ General Representative □ Staff □ | | |
| 护照或通行证号码<br>Passport/Pass No. | 居留证件号码<br>Residence Permit No. | 身份证件号码<br>ID No. |
| 住址<br>Address | | |
| 备注<br>Remarks | | |
| 姓名（英文）<br>Name (English) | | 姓名（中文）<br>Name (Chinese) |
| 性别 男 □ 女 □<br>Sex male □ female □ | 国籍<br>Nationality | 出生日期 ____年____月____日<br>Date of Birth Year__ Month __ Date__ |
| 职衔 首席代表 □ 一般代表 □ 工作人员 □<br>Post & Title Chief Representative □ General Representative □ Staff □ | | |
| 护照或通行证号码<br>Passport/Pass No. | 居留证件号码<br>Residence Permit No. | 身份证件号码<br>ID No. |
| 住址<br>Address | | |
| 备注<br>Remarks | | |
| 姓名（英文）<br>Name (English) | | 姓名（中文）<br>Name (Chinese) |
| 性别 男 □ 女 □<br>Sex male □ female □ | 国籍<br>Nationality | 出生日期 ____年____月____日<br>Date of Birth Year__ Month __ Date__ |
| 职衔 首席代表 □ 一般代表 □ 工作人员 □<br>Post & Title Chief Representative □ General Representative □ Staff □ | | |
| 护照或通行证号码<br>Passport/Pass No. | 居留证件号码<br>Residence Permit No. | 身份证件号码<br>ID No. |
| 住址<br>Address | | |
| 备注<br>Remarks | | |

首席代表签名：　　　　　　　　　　备案日期：______年____月____日
Signature of Chief Representative: ____________________　Date of Recordation: Year_____Month_____Date_____

**图2－10　常驻机构人员备案信息表**

时间、任期、职务及在中国境内的住址等内容。

主管海关审核无误后，核发“中华人民共和国海关常驻机构备案证”（以下简称“备案证”）。

备案证涉及的内容如有变更，常驻机构应当自变更之日起10个工作日内到主管海关办理变更手续。

**海关提醒** 常驻机构可根据情况自主选择是否在海关办理备案手续。假如本机构不准备进境公用物品，或者常驻代表不进境机动车辆，则无须办理备案。

## 四、常驻机构申请进境公用物品须提交的单证

常驻机构申请进境公用物品时，应向主管海关提交以下单证：

（1）中华人民共和国海关常驻机构备案证；

（2）中华人民共和国进出境公用物品申请表（以下简称“进出境公用物品申请表”，如图2－11所示）；

（3）提（运）单、发票和装箱单等相关单证；

（4）常驻机构申请进境机动车辆时，除交验前款规定的单证外，还应当交验本机构所有常驻人员的有效身份证件，主管海关自接受申请之日起5个工作日内答复。

**海关提醒** 根据海关总署2010年第81号公告的要求，常驻机构办理公用物品和车辆进境申请手续时，除提交相关书面材料外，还需要进行电子数据的录入，并发送至主管海关。

## 五、常驻机构出境公用物品的通关手续

常驻机构将原进境的公用物品复运出境，应当持备案证、申请表等相

JG40

海关编号
Customs Serial No.__________

# 中华人民共和国海关
CUSTOMS OF THE PEOPLE'S REPUBLIC OF CHINA

# 进出境公用物品申请表
APPLICATION FORM FOR INWARD/OUTWARD ARTICLES FOR OFFICIAL USE

申请机构名称及海关代码
Applicant Organization Name & Customs Code __________

物品批文号 Permit No. of Articles __________ 联系电话 Telephone __________ 进/出境 Entry/Exit ______ 进出境口岸 Entry /Exit Port ______

启运/运抵国（地区）Departure/Destination Country（Region）__________ 装货/指运港 Port of Loading/Delivery __________

运输方式（水路 铁路 汽车 航空 邮政 其它）Means of Transport:（water rail road air mail other）__________ 运输工具名称 Carrier's Name __________

航次（班）号 Voyage/Flight No. ______ 提运单号 Bill of Lading No. __________ 件数 Number of Piece（s）______ 毛重（千克）Gross Weight（kg）______

备注
Remarks __________

**以下内容可由受托方填写**
**The following may be completed by the party entrusted**

进/出境日期 Date of Entry/Exit __________ 包装种类 Type of Package __________ 体积 Volume __________ 标箱数 Number of TEU __________

内包装件数 Quantity of Inside Packages ______ 受托方名称及海关代码（身份证件号码）Agency/Agent and Customs Code/ID No. __________

**本机构申请进/出境下列公用物品，并保证所有申报属实。**
**We, the undersigned organization, hereby apply for the importation /exportation of the following articles for official use and guarantee that all our declaration is true.**

| 项 号<br>Item No. | 物品税号<br>Tariff Code | 物品名称<br>Descriptions | 规格/型号<br>Speci./ Model | 数量<br>Quantity | 单位<br>Unit | 币制<br>Currency | 总价<br>Total Value | 备注<br>Remarks |
|---|---|---|---|---|---|---|---|---|
| | | | | | | | | |
| | | | | | | | | |
| | | | | | | | | |
| | | | | | | | | |
| | | | | | | | | |

| | |
|---|---|
| 首席代表签名<br>Signature of Chief Representative<br><br>机构签章<br>Seal of Organization<br><br>申报日期 Date of Application　　附 ____ 页 Pages Attached | 海关批注<br>Customs Remarks<br><br>海关签章<br>Customs Seal |

图2－11　进出境公用物品申请表

关单证向主管海关提出申请，主管海关自接受申请之日起3个工作日内答复。主管海关审核批准后，常驻机构持主管海关的批准关封至出境地海关办理有关手续。

## 六、常驻机构进出境机动车辆的管理规定及通关手续

### （一）常驻机构进境机动车辆

（1）《常驻机构监管办法》规定，常驻机构因工作需要，可以向主管海关申请征税进境机动车辆。常驻机构申请进境的机动车辆，主管海关按照该机构常驻人员的实际人数核定其进境车辆的总数。常驻机构经审核批准进境的机动车辆，应当自海关放行之日起10个工作日内，向主管海关申领“领/销牌照通知书”，办理机动车辆牌照申领手续。

（2）对根据政府间协议设立的常驻代表机构免税进境的机动车辆，除应当按照前款要求办理相关审批手续，还应当自取得“领/销牌照通知书”之日起10个工作日内，持公安交通管理部门颁发的机动车辆行驶证向主管海关申领“中华人民共和国海关监管车辆登记证”（以下简称“监管车辆登记证”，如图2－12所示）。

**小贴士** 根据有关规定，国家允许整车进口的口岸共有7个，分别是大连、天津、上海、广州黄埔、广西钦州5个沿海整车进口口岸以及深圳皇岗、满洲里2个陆路整车进口口岸。常驻人员在通知国外运输公司发运时应予告知。

（3）常驻机构进境机动车辆有丢失、被盗、转让或出售给他人、超出监管期限等情形的，常驻机构不得重新申请进境机动车辆。

（4）进境的机动车辆因事故、不可抗力等原因遭受严重损毁或因损耗、超过使用年限等原因丧失使用价值，经报废处理后，常驻机构凭公安交通管理部门出具的机动车辆注销证明，经主管海关同意办理机动车辆结案手续后，可按结案数量重新申请进境机动车辆。

**中华人民共和国海关**

**监管车辆登记证**

| |
|---|
| 单位: |
| 车主: |
| 地址: |
| 电话号码:　　　　邮编: |
| 牌照号码: |
| 厂牌型号: |
| 发动机号: |
| 车架号码: |
| 车身颜色: |
| 放行日期: |
| 海关审批序号: |
| 核发机关签章:<br>年　月　日 |

| 定期核查纪录 |
|---|
| 海关签章<br>（　　）年度核查合格<br>年　月　日 |
| 海关签章<br>（　　）年度核查合格<br>年　月　日 |
| 海关签章<br>（　　）年度核查合格<br>年　月　日 |
| 海关签章<br>（　　）年度核查合格<br>年　月　日 |

| 变更记录纪录 |
|---|
| 变更项目:<br>变更内容:<br>年　月　日 |
| 变更项目:<br>变更内容:<br>年　月　日 |
| 变更项目:<br>变更内容:<br>年　月　日 |
| 变更项目:<br>变更内容:<br>年　月　日 |

**图 2－12　监管车辆登记证**

### （二）常驻机构免税进境机动车辆的后续监管

常驻机构依据规定准予免税进境的机动车辆属于海关监管机动车辆，主管海关对其实施后续监管，监管期限为自海关放行之日起 6 年。未经海关批准，进境机动车辆在海关监管期限内不得擅自转让、出售、出租、抵押、质押或者进行其他处置。

海关对常驻机构进境监管机动车辆实行年审制度。常驻机构应当根据主管海关的公告，在规定时间内，将进境监管机动车辆驶至指定地点，持监管车辆登记证、机动车辆行驶证、海关备案证到主管海关办理机动车辆海关年审手续。年审合格后，主管海关在监管车辆登记证上加盖年审印章。

机动车辆海关监管期限届满的，常驻机构应当持“中华人民共和国海关公/自用车辆解除监管申请表”、监管车辆登记证、机动车辆行驶证和海关备案证向主管海关申请解除监管。主管海关核准后，开具解除监管证明书，常驻机构凭此向公安交通管理部门办理有关手续。

**海关提醒** 2010 年 5 月 25 日，海关总署发布第 32 号公告，自 2010 年 7 月 1 日起，常驻机构及常驻人员不得进境旧机动车。对其旧机动车辆进境申请，海关不予受理。因此，有进境自用车辆需求的常驻机构在申请时要特别注意。

### （三）常驻机构出境机动车辆的通关

（1）常驻机构申请将原进境机动车辆复运出境的，主管海关在审核批准后开具“领/销牌照通知书”，常驻机构凭此向公安交通管理部门办理注销牌照手续。主管海关收到“领/销牌照通知书”回执联后应将牌照注销情况在“公用物品申请表”上批注并办理出境手续。

（2）主管海关审核批准后，常驻机构持主管海关签发的关封至出境地海关办理有关出境手续。

## 七、常驻人员的范围及进出境自用物品的管理规定

### （一）哪一类人员属于常驻人员

按照《非居民监管办法》的规定，常驻人员指非居民长期旅客中的下

列人员：

（1）境外企业、新闻机构、经贸机构、文化团体及其他境外法人经中华人民共和国政府主管部门批准，在境内设立的并在海关备案的常设机构内的工作人员；

（2）在海关注册登记的外商投资企业内的人员；

（3）入境长期工作的专家。

### （二）常驻人员进出境自用物品的管理规定

（1）常驻人员在取得中华人民共和国主管部门颁发的长期居留证件后，才可以申请进境自用物品。申请时，常驻人员除应提交公安部门签发的长期居留证件外，还应提交本人的身份证件、提（运）单、装箱单等相关单证，填写自用物品申请表，向境内居住地主管海关提出申请。主管海关自接受申请之日起 3 个工作日内答复。主管海关审核批准后，进境地海关凭主管海关的审批单证及其他相关单证予以验放。

（2）身份证件是指中华人民共和国主管部门颁发的外国（地区）企业常驻代表机构工作证、中华人民共和国外国人就业证、中华人民共和国外国专家证等证件，以及进出境使用的护照、港澳居民往来内地通行证、台湾居民往来大陆通行证等。

（3）常驻人员进境的自用物品，应当是《非居民监管办法》规定的居留期间日常生活所必需的、“中华人民共和国海关旅客进出境行李物品分类表”所列物品（烟、酒除外）及机动车辆。

（4）常驻人员将原进境的自用物品复运出境，应当持身份证件、长期居留证件、自用物品申请表及物品清单等有关单证向主管海关提出申请，主管海关自接受申请之日起 3 个工作日内答复。其中，常驻人员申请将原进境机动车辆复运出境的，主管海关在审核批准后开具“领/销牌照通知书”，常驻人员凭此向公安交通管理部门办理注销牌照手续。主管海关收到“领/销牌照通知书”回执联后应将牌照注销情况在自用物品申请表上批注。

## 八、常驻人员进境机动车辆的管理规定及通关手续

### （一）常驻人员征税进境机动车辆

（1）《非居民监管办法》规定，经中国政府主管部门批准进境，连续工作、居留1年以上（含1年）的常驻人员，可以申请征税进境机动车辆，每人限1辆。

常驻人员进境的机动车辆，限定为摩托车、小轿车、越野车、9座及以下的小客车，旧车不准进境。

**海关提醒** 根据海关总署2010年第32号公告的规定，常驻人员如果不是政府间协议派遣专家或者高层次人才的，不允许进境旧机动车。海关对其进境旧机动车的申请不予受理。

（2）常驻人员申请进境自用车辆时，应当向居住地主管海关提出书面申请。除应提交本人的有效身份证件、长期居留证件外，还应交验其所在常驻机构的海关备案证或者所在外商投资企业的“进出口货物收发货人报关注册登记证书”，以及提（运）单、装箱单等相关单证。主管海关自接受申请之日起5个工作日内答复。

（3）常驻人员经主管海关审批，准予征税进境的机动车辆，应当自进境地海关放行之日起10个工作日内，向主管海关申领“领/销牌照通知书”，办理机动车辆牌照申领手续。

（4）常驻人员征税进境的机动车辆，有丢失、被盗、转让或出售给他人、超出监管期限等情形的，常驻人员不得重新申请进境机动车辆。

（5）常驻人员征税进境的机动车辆因事故、不可抗力等原因遭受严重损毁或因损耗、超过使用年限等原因丧失使用价值，经报废处理后，常驻人员凭公安交通管理部门出具的机动车辆注销证明，经主管海关同意办理机动车辆结案手续后，可重新申请进境机动车辆1辆。

（6）常驻人员依据《非居民监管办法》和相关规定征税进境的机动车

辆自向公安交通管理部门办结车辆登记手续之日起1年后，方可准予转让过户。常驻人员机动车辆转让过户时，应当向主管海关提出书面申请，并交验下列单证：

①身份证件；

②长期居留证件；

③进境机动车辆的机动车辆行驶证；

④所在常驻机构的海关备案证或者所在外商投资企业的进出口货物收发货人报关注册登记证书；

⑤填写好的中华人民共和国海关监管车辆解除监管申请表。

主管海关审核无误后，开具解除监管证明书，常驻人员凭此向公安交通管理部门办理有关车辆转让过户手续。

### （二）常驻人员免税进境机动车辆

（1）常驻人员依据《非居民监管办法》和政府间协议准予免税进境的机动车辆属于海关监管车辆，主管海关对其实施后续监管，监管期限为自海关放行之日起6年。

（2）享受免税待遇的常驻人员申请进境自用车辆时，应当向居住地主管海关提出书面申请，提交本人的有效身份证件、长期居留证件，提（运）单、装箱单等相关单证，填写自用物品申请表。主管海关自接受申请之日起5个工作日内答复。

（3）常驻人员经主管海关审批，准予免税进境的机动车辆，应当自进境地海关放行之日起10个工作日内，向主管海关申领“领/销牌照通知书”，办理机动车辆牌照申领手续。常驻人员应当自取得“领/销牌照通知书”之日起10个工作日内，持公安交通管理部门颁发的机动车辆行驶证向主管海关申领“监管车辆登记证”。

（4）海关对常驻人员免税进境机动车辆实行年审制度。常驻人员应当根据主管海关的公告，在规定时间内，将进境监管机动车辆驶至指定地点，持本人身份证件、长期居留证件、监管车辆登记证、机动车辆行驶证到主管海关办理机动车辆海关年审手续。年审合格后，主管海关在监管车辆登记证上加盖年审印章。

**海关提醒** 免税进境的监管车辆，其所有人应当按照规定办理海关年审手续。未按规定时间进行年审的，主管海关将依据海关有关规定予以处罚。

（5）免税进境的机动车辆，其海关监管期限届满的，常驻人员应当持“解除监管申请表”、本人身份证件、长期居留证件、监管车辆登记证和机动车辆行驶证向主管海关申请解除监管。主管海关核准后，开具“解除监管证明书”，常驻人员凭此向公安交通管理部门办理有关手续。

**海关提醒** 常驻人员如果进境了机动车辆，其所有人应该在离任回国（或出境）前，到主管海关申请办理签发机动车辆的“解除监管证明书”，办结海关手续，以免因车辆所有人的离任，缺少相关单证，使得车辆无法进行后续过户和检验手续。

（6）未经海关批准，进境机动车辆在海关监管期限内不得擅自转让、出售、出租、抵押、质押或者进行其他处置。

（7）进境机动车辆有丢失、被盗、转让或出售给他人、超出监管期限等情形的，常驻人员不得重新申请进境机动车辆。但是进境机动车辆因事故、不可抗力等原因遭受严重损毁或因损耗、超过使用年限等原因丧失使用价值，经报废处理后，常驻人员凭公安交通管理部门出具的机动车辆注销证明，经主管海关同意办理机动车辆结案手续后，可重新申请进境机动车辆 1 辆。

**案例 1** 2011 年 5 月，在北京一家合资企业工作的美国人霍华德先生和夫人到海关办理其自用物品的进境申请手续。海关关员热情接待了他们。在审核其证件时，海关关员发现，尽管霍华德先生的所有证件齐全，但还是无法为其自用物品办理进境免税审批手续，到底是什么原因呢？原来，霍华德先生于 2011 年 1 月初就受聘来到中国。到任后，其所在单位的工作人员很快为其办理了劳动就业证。之后正赶上我国的传统节日春节，耽误了办理长期居留证件，等到过完春节再去，公安部门签发出来的居留许可的有效期，从签发到截止日已经不足1年。按照《非居民监管办法》的规定，“非居民长期旅客”是指经公安部门批准进境并在境内连续居留1年以上（含1年），期满后仍回到境外定居地的外国公民、中国港澳台地区人员和华侨。非居民长期旅客首次申请进境自用物品，海关予以免税（不包括20种应税商品和车辆）。霍华德先生的外国人居留许可有效期是从2011年2月25日起至2012年1月9日止，居留许可时间不足1年，因此就不属于非居民长期旅客，其首次进境的自用物品则不能享受免税。

**案例2** 2007年1月，某外商投资企业的美籍常驻人员斯科特准备离职回国，委托一代理运输公司代为办理自用物品的出境报关手续。斯科特来中国多年，对中国的历史文化很感兴趣，在中国的这些年，一有空就到一些古玩市场或者乡村农民家中“淘宝”，成果不小。此次离职回国，他为了能把淘到的宝贝带回国可是下了一番工夫。所有他认为有价值的东西，他都亲自包装好，不让代理公司的包装人员触碰，并在装箱清单上全都标注为原带进的工艺品或者砖头。尽管做这么多伪装，海关关员还是在审核其申报的单证时提出疑问，并对其准备出境的物品过机查验。查验的结果令人大吃一惊。原来，在斯科特准备出境的自用物品中，有大量的古生物化石和文物，其中包括恐龙蛋和剑齿虎化石，总数超过百件。海关对上述物品依法予以暂扣并移交缉私部门依法处理。

按照《古人类化石和古脊椎动物化石保护管理办法》第九条的规定，除出境展览或者因特殊需要经国务院批准出境外，古人类化石和古脊椎动物化石不得出境。斯科特明知恐龙蛋和剑齿虎化石是国家规定不准出境的物品，在向海关申报时，故意回避，企图蒙混过关，其后果可想而知。

# 第三章　进出境邮递物品通关

当您在接收国外亲戚寄来的邮包时被要求缴纳关税，当您给国外亲戚寄点中药时被告知不可以，您会对此表示不理解吗？如果您提前了解一下海关对进出境邮递物品的管理规定，特别是国家对进出境禁止和限制物品的规定，可能就不会困惑了。

进出境邮递物品是指通过邮寄方式进出境的物品，包括包裹、小包邮件和印刷品。

邮递物品监管是指海关对邮运进出境货物、货样、商业性宣传品、广告品、个人物品、使领馆公私用物品、企事业单位赠送、交换交流物品、贸易性和非贸易性印刷品、邮政快件的行政执法行为。

## 第一节　进出境邮递物品的管理规定

### 一、进出境邮递物品的特点

（1）进出境邮递物品在办结海关手续前，应当存放于海关监管场所内，未经海关许可，任何单位及个人不得擅自进行开拆、运输、封发等处置。

（2）进出境的邮递物品，应当由驻有海关的邮局负责交海关查验。从设有海关地方寄出的邮递物品，也可由寄件人直接向海关驻邮局办事处申报交验，办理出口手续。

（3）进出境的邮递物品，必须经过海关查验并且按章征税或免税放行后，邮局才可以投寄。

**海关提醒** 海关对邮递进出境的物品监管较严，在办理邮递前了解相关的规定，可以使手续办理更为顺利，也可以避免不必要的损失。

## 二、海关监管要求及重点

### （一）原则

进出境的个人邮递物品，应以自用、合理数量为限，并应当符合海关关于个人物品限值及个人物品范围的规定。

**小贴士** 为了既方便正常往来，照顾个人合理需要，又限制走私违法活动，海关规定了个人每次邮寄物品的限值、免税额和禁止、限制邮寄物品的品种。

### （二）限值

（1）个人寄自或寄往中国香港、澳门、台湾地区的，每次限值为 800 元人民币；寄自或寄往其他国家和地区的物品，每次限值为 1 000 元人民币。

（2）个人邮寄进出境物品超出规定限值的，应办理退运手续或者按照货物规定办理通关手续。但邮包内仅有一件物品且不可分割的，虽超出规定限值，经海关审核确属个人自用的，可以按照个人物品规定办理通关手续。

（3）依据相关规定，中药材、中成药均属国家限制出境物品。个人邮寄中药材、中成药出境，寄往中国香港、澳门地区的，总值限人民币 100 元，寄往国外的，限人民币 200 元。含有犀牛角、羚羊角、虎骨、天然麝香等濒危动物成分的药品及其制品禁止携带或邮寄出境。

### （三）申报

（1）进出境印刷品及音像制品的收发货人、所有人及其代理人，应当依法如实向海关申报，并且接受海关监管。

**海关提醒** 不如实申报的，海关将依据《海关法》、《海关行政处罚实施条例》予以处罚。

（2）邮寄进境分离运输行李，寄件人应在邮包上标明“分离运输行李”字样。邮包寄达后，收件人应及时将“中华人民共和国海关进出境旅客行李物品申报单”带交或寄交邮包寄达地海关，由海关按《海关对进出境旅客行李物品监管办法》的有关规定办理。

**（四）征税**

（1）个人邮寄进境物品，海关依法征收进口税，但应征进口税税额在50元（含50元）以下的，海关予以免征。

**小贴士** 个人进口物品行邮税由关税以及进口环节海关代征税合并为进口税，起征点为50元。个人邮递进境物品应缴进口税，超过50元的一律全额缴税。

（2）进出境个人邮递物品应征的关税和其他法定由海关征收的税费，可由邮局凭海关签发的税款缴纳证代缴代收。

**小贴士** 个人进口物品行邮税的征收对象是超过海关总署规定数额但仍在合理数量以内的个人自用进境物品，具体是指旅客行李物品、个人邮递物品以及其他个人自用物品。

详细内容见第四章的“第二节　行邮税的征收”。

（3）邮运进出口的商业性邮件，应按照货物规定办理通关手续。

小贴士 此条用以明确区别个人物品和货物的通关手续。

**（五）禁止和限制进出境物品**

海关根据有关法律、行政法规、国务院的规定，或者国务院有关部门依据法律、行政法规授权由海关制定具体的监管办法。

小贴士 由于国家禁止和限制进出境物品规定较多，详细内容请参照第五章的“第三节　禁限物品”。

案例 北京海关在检查进境邮件时发现，一邮件申报为衣服，实则在衣服的内衬中夹藏了300张淫秽光盘。海关缉私警察经过深入调查，发现收件人小李开了个音像制品店，经营一直不太景气。3月他去了一趟香港，发现有淫秽光盘出售，为了改善店里的生意，于是他买了300张，准备寄回到店里悄悄出售。小李以牟利为目的，客观上实施了走私淫秽物品的行为，遂被海关向人民法院提起公诉。

海关提醒 走私淫秽物品罪指以牟利或者传播为目的，违反海关法规，逃避海关监管，非法运输、携带、邮寄淫秽的影片、录像带、录音带、图片、书刊或者其他淫秽物品进出国（边）境的行为。根据刑法第152条的规定，犯本罪的，处3年以上10年以下有期徒刑，并处罚金；情节严重的，处10年以上有期徒刑或者无期徒刑，并处罚金或者没收财产；情节较轻的，处3年以下有期徒刑、拘役或者管制，并处罚金。单位犯本罪的，实行双罚制，即对单位判处罚金，并对其直接负责的主管人员和其他直接责任人员，按照上述规定处罚。

**（六）验放**

（1）在进出境邮递物品中，如果有按照国家规定须经审查、鉴定、检疫或者商品检验的物品，由海关按照国家有关规定处理。

（2）外国驻我国的使领馆邮递进出口的公用物品，各国派驻我国的外交官、领事官邮递进出口的自用物品，按照有关规定办理。

（3）邮运进出口的商业性邮件，应按照货物规定办理通关手续。

（4）邮递进出境的货样、广告品，以及我国政府机关、人民团体、国有企业等与国外相互赠送的礼品，分别按照海关对进出口货样、广告品、礼品的相关规定办理。

### （七）处理和处罚

（1）禁止进出境的个人邮递物品应当由海关扣留。自扣留之日起3个月内，进境的由收件人或其代理人办理相关海关手续，出境的由寄件人或其代理人办理相关海关手续；过期不办理手续的，由海关依法处理。禁止进境的个人邮递物品，除经海关特准的以外，不准过境，由邮局交海关依法处理。

（2）进境邮递物品，如果收件人申请退回原地或者改寄其他外国地址的，须经海关查验。如果内装禁止进出境物品，由海关按照有关规定处理。

（3）进境邮递物品，如果超过邮局规定的保管期限收件人仍未领取，由邮局退回寄件人；无法投递又无法退回的进境邮递物品，由邮局交由海关按照《海关法》的规定处理。

（4）进出境邮递物品，如果收、寄件人用冒名顶替、分散寄递或其他方式逃避海关监管，以及有逃汇、套汇行为的，由海关依照《海关法》的规定按走私处理。

## 第二节　进出境邮递物品的通关手续

（1）邮寄进境的个人物品，应由收件人到邮局向派驻邮局的海关办理进境报关手续。收件人亲自到海关办理手续确有困难的，可委托他人或邮局向海关办理报关等手续。

（2）从设有海关的地区寄出的个人邮递物品，可由寄件人向驻邮局的海关申报交验，办理出境手续。在未设海关的地区，可按上述手续直接向邮局投寄，由邮局交驻出境地海关验放。

（3）寄件人在邮寄出境邮包时，应填写报关单、绿色验关标签等单据，如实填报内装物品的品名、数量、价值等（如邮寄大包裹应另填写发寄单，免填绿色验关标签），向派驻邮局的海关申报，经海关验放后，交邮局投寄。

# 第四章　行邮税征管

行邮税是海关对入境旅客行李物品和个人邮递物品征收的进口税，对行邮税的征管工作是海关征税工作的重要组成部分。本章详细介绍了行邮税的基本知识，主要包括行邮税计算、行邮税税率、入境物品进口税税则归类、进境物品完税价格及其确定；另外，还重点提示了旅客办理进出境行李物品纳税时应注意的要点。

## 第一节　了解行邮税

### 一、行邮税的特点

（1）行邮税是行李和邮递物品进口税的简称，是海关对入境旅客行李物品和个人邮递物品征收的进口税。由于其中包含了进口环节的增值税和消费税，故也为对个人非贸易性入境物品征收的进口关税和进口代征税的总称。

（2）课税对象包括入境旅客、运输工具，服务人员携带的应税行李物品、个人邮递物品、馈赠物品以及以其他方式入境的个人物品等。

（3）《关税条例》第五十六条规定：“进境物品的关税以及进口环节海关代征税合并为进口税，由海关依法征收。”

（4）行邮税的特点：

①需要纳税的是进境物品；

②关税和进口环节海关代征税合而为一；

③设有单独的税率表，根据物品类别的划分设有相应单一的进口税率。

小贴士 行邮税的征管工作是海关征税工作的重要组成部分，也是海关贯彻国家税收政策的一个重要方面。通过征收行邮税，对一些国内外差价较大的重点商品根据不同的监管对象予以必要和适当的调控，既能有效地发挥关税的杠杆作用，又能增加国家的财政收入，为国家建设积累资金。

## 二、行邮税的纳税对象

海关关税的征收对象包括进出口货物和进出境物品，行邮税的征收对象是超过海关总署规定数额但仍在合理数量以内的个人自用进境物品，具体是指旅客行李物品、个人邮递物品以及其他个人自用物品。

凡准许应税进境的旅客行李物品、个人邮递物品以及其他个人自用物品，除另有规定的以外，均按《关税条例》征收进口税。

携有应税个人自用物品的入境旅客及运输工具服务人员、进口邮递物品的收件人，以及以其他方式进口应税个人自用物品的收件人是行邮税的纳税义务人。

小贴士 纳税义务人可以自行办理纳税手续，也可以委托他人办理纳税手续。接受委托办理纳税手续的代理人，应当遵守《关税条例》中对其委托人的各项规定，并承担相应的法律责任。

行邮税的纳税义务人，应当在物品放行前缴纳税款。

# 第二节　行邮税的征收

## 一、如何计算行邮税

进口税是从价计征，其计算公式为：

进口税税额 = 完税价格 × 进口税税率

## 二、行邮税的四档税率

行邮税共分为四档税率（见“中华人民共和国进境物品进口税率表”），由国家关税税则委员会确定。

**中华人民共和国进境物品进口税率表**

（2012 年修订）

| 税 号 | 物　品　名　称 | 税率 |
|---|---|---|
| 1 | 书报、刊物、教育专用电影片、幻灯片、原版录音带、录像带<br>金、银及其制品<br>计算机、视频摄录一体机、数字照相机等信息技术产品和照相机<br>食品、饮料、本表税号 2、3、4 税号及备注不包含的其他商品 | 10% |
| 2 | 纺织品及其制成品<br>电视摄像机及其他电器用具<br>自行车、手表、钟表（含配件、附件） | 20% |
| 3 | 高尔夫球及球具、高档手表 | 30% |
| 4 | 烟、酒、化妆品 | 50% |

**海关提醒** （1）避孕用具和避孕药品，超过海关规定的自用合理数量部分按有关规定予以退运或按货物进口程序办理报关及验放手续；

（2）上述税号中高档手表是指每块完税价格在 10 000 元人民币及以上的手表。

据中华人民共和国海关总署 2011 年第 6 号公告，自 2011 年 1 月 27 日起，对进境物品税税目税率进行调整。

主要调整事项有：

（1）将“中华人民共和国进境物品进口税率表”中原归入税号 2 的计算机、视频摄录一体机、数字照相机等信息技术产品和照相机归入税号 1 中，税率相应地从 20% 降到 10%。

（2）将原归入税号 2 中的“摄像机”更名为“电视摄像机”，税率维持不变。

小贴士 从整体来看，新税率表修订后，征税额是以降为主的。如新税率表将原税率表中归入税号 2 的计算机、视频摄录一体机、数字照相机等信息技术产品和照相机归入税号 1 中，税率相应地从 20% 降到 10%。

## 三、入境旅客行李物品和个人邮递物品进口税税则归类

不同种类物品，在征税时税率是不一样的。如果您想在征税时对物品归类有一个更清晰的了解，知道自己携带的物品到底应该算多少税率，不妨了解一下海关的税则归类表。

海关对应税个人自用物品按照“中华人民共和国进境物品归类表”（见附件一）归类计征。“中华人民共和国进境物品归类表”未列明物品的归类原则如下：

（1）按物品的主要功能（或用途）归类；

（2）物品的主要功能（或用途）无法确定时，按该物品各项功能（或用途）中税率最高的税号归类；

（3）物品不能按照上述 1、2 条归入相应税号时，归入“其他物品”类别中的“其他”；

（4）已归入某一税号的物品按其主要功能（或用途）归入相应项。主要功能（或用途）无法确定时，归入其各功能中适用完税价格最高的项。

## 四、进境物品完税价格

旅客们了解了自己携带的物品所属的税率范围，接下来就希望最好来个“价格早知道”，这样在出入境前也能心里有底。那么，不妨参照附件二中的“中华人民共和国进境物品完税价格表”（以下简称“完税价格

表”），来看看自己携带的物品“到底是什么价”吧。

有了该表格做参照，旅客除了能更详细地了解海关征税方面的规定，在境外购买物品时也能对价格进行更细致的比较了。值得一提的是，最新的税表修订，大部分物品的完税价格及税率只降不升，对喜爱境外购物的旅客来说无疑是个好消息。

**海关提醒** （1）边疆地区民族特需商品的完税价格可按照总署另行审定后的完税价格执行；

（2）本表所列完税价格与应税物品实际价格相差悬殊达到2倍及以上或1/2倍及以下程度的，经现场科级领导同意，可采取另行确定价格原则或按物品实际价格计征税赋。

**案例** 小王是中国籍居民旅客，在美国旅游时购买了一台家用小型摄像机，折合人民币4 500元。他在旅途中就开始使用这台摄像机并把它随身带回国，在入境过海关时，被告知这台摄像机需要征税。

**分析：**（1）摄像机属于20种不予减免税商品的范围，所以不享有5 000元人民币的免税额。

（2）海关对物品进行征税，是不论物品新旧的，只要是境外获取的应税物品，都需要征税，所以虽然这台摄像机小王已经使用过，仍然需要征税。

（3）这台摄像机的实际购买价格没有超过海关完税价格（4 000元）的2倍，所以按照4 000元的10%即400元人民币征税放行。

## 五、完税价格的定价原则

有旅客会问：“什么是‘完税价格’？它是怎么算出来的？”下面就为您讲一下定价原则。

（1）完税价格是指海关在计征关税时使用的计税价格，是海关根据有关规定对进出口货物进行审定或估定后通过估价确定的。完税价格是海关征收关税的依据。

(2) 对“完税价格表”中未列名物品和明确另行确定完税价格的物品，仍实行估价制度。按照相同物品相同来源地最近时间的主要市场零售价格确定其完税价格。

(3) 如果物品审定价格是列名的完税价格的 2 倍以下或 1/2 倍以上，需按完税价格计征行邮税；反之，如果物品审定价格是列明的完税价格的 2 倍及以上或 1/2 倍及以下，需将审定价格作为该物品的完税价格。

(4) 物品完税价格与实际购买价格之间有可能存在差距，这是为保证通关的快捷和征税的简化。考虑到物品种类及来源的多样性和价格确定的复杂性，海关已充分参考了当前国内、国外有关物品的实际价格状况，尽可能使用“就低不就高”、“价格确定前瞻性”等原则来确定物品的完税价格，以尽可能保障管理相对人的利益。

## 六、进出境行李物品纳税须准备的证件

旅客需要在申报纳税时提供本人进出境身份证件，必要时提供物品购买发票。

**小贴士** 进出境旅客可以自行办理申报纳税手续，也可以委托他人办理申报纳税手续。接受委托办理申报纳税手续的代理人，应当按照《中华人民共和国海关对进出境旅客行李物品监管办法》对其委托人的各项规定办理海关手续，承担各项义务和责任。

## 七、无法当场缴税的处理办法

(1) 待征税：旅客因现金不足等原因无法当场缴纳税款的，可在 3 个月内携税款现金至入境地海关补办手续。

（2）待退运：物品在待征税期限内（3 个月）仍无法缴税的，物品暂存于海关仓库，旅客在 3 个月内于复出境时携带物品退运。

（3）放弃：当事人无法完成缴税或退运的，可选择做物品放弃处理。

**小贴士** 旅客选择放弃物品，必须在自愿的前提下进行。

以上各种处理方式，海关均会开具印有海关印章的相关单证凭据，旅客不必担心。

（4）暂时免税进出境物品的处理：经海关登记准予暂时免税进境或出境的物品，应当由本人复带出境或者复带进境。过境人员未经海关批准，不得将其所带物品留在境内。

# 第五章　特殊物品进出境通关

根据《海关法》及其他相关法律法规的规定，海关对某些特殊物品的通关有着特别的要求，您在携带或邮寄这些物品进出境时可能会遇到更加严格的查验，如果您没有相应的许可证件，这些物品甚至会被海关堵截。本章详细介绍了印刷品、音像制品、美术品和禁限物品这几类特殊物品的进出境通关规定，指导您合理携带或邮寄这些物品进出境，或者事先准备好有关的许可证件。

## 第一节　印刷品及音像制品

您遇到过从境外带了书在通关时，被要求留下审查的情况吗？您遇到过朋友从境外寄来 CD，却要求您上税的情况吗？您是不是觉得耽误了您的时间或不理解？那么，您可以提前认真了解一下海关对印刷品及音像制品的管理规定。这样，不仅可以帮助您快速通关，甚至会让您避免不必要的纠纷和损失。

印刷品是指通过将图像或者文字原稿制为印版，在纸张或者其他常用材料上翻印的内容相同的复制品。

进出境摄影底片、纸型、绘画、剪贴、手稿、手抄本、复印件及其他含有文字、图像、符号等内容的货物、物品，海关按照有关进出境印刷品的监管规定进行监管。

**小贴士**　常见的印刷品有书籍、报纸、杂志、传单、挂历、广告宣传册等，也包括物品上的图案文字内容。

音像制品是指载有内容的唱片、录音带、录像带、激光视盘、激光唱盘等。

进出境载有图文声像信息的磁、光、电存储介质的，海关按照有关进出境音像制品的监管规定进行监管。

**小贴士** 常见的音像制品有 CD、DVD、MP3、MP4、录像带、U 盘、移动硬盘、电子书等。

## 一、海关监管要求及重点

### （一）程序：申报—查验—处置

**1. 印刷品及音像制品为什么要申报**

进出境物品的所有人应当向海关如实申报，并接受海关查验。

违反海关规定，构成走私或者违反海关监管规定行为的，由海关依照《海关法》、《海关行政处罚实施条例》及相关法律、行政法规的有关规定予以处理；构成犯罪的，依法追究刑事责任。进出境印刷品及音像制品的收发货人、所有人及其代理人，应当依法如实向海关申报，并且接受海关监管。

**2. 海关如何查验印刷品及音像制品**

海关对个人自用印刷品及音像制品的查验主要从内容、数量方面进行；对单位进出境印刷品及音像制品的管理从经营单位、内容、单货是否一致等方面进行。

**小贴士** 印刷品及音像制品进出境，海关将暂留货物、物品，对内容进行审读，以确定是否含有违禁内容。

**海关提醒** 一定不要携带、邮寄或以其他方式进出境有违禁内容的印刷品及音像制品，对违禁的印刷品及音像制品一律不准进出境。

**（二）不允许进出境的印刷品及音像制品**

海关对进出境印刷品及音像制品是有明确规定的，这也是海关履行职责，维护国家的政治社会稳定和主权利益的要求。所以，您要牢记以下印刷品及音像制品是不允许进出境的。

**1. 禁止含有下列内容的印刷品及音像制品进境**

（1）反对宪法确定的基本原则的；

（2）危害国家统一、主权和领土完整的；

（3）危害国家安全或者损害国家荣誉和利益的；

（4）攻击中国共产党，诋毁中华人民共和国政府的；

（5）煽动民族仇恨、民族歧视，破坏民族团结，或者侵害民族风俗、习惯的；

（6）宣扬邪教、迷信的；

（7）扰乱社会秩序、破坏社会稳定的；

（8）宣扬淫秽、赌博、暴力或者教唆犯罪的；

（9）侮辱或者诽谤他人、侵害他人合法权益的；

（10）危害社会公德或者民族优秀文化传统的；

（11）国家主管部门认定禁止进境的；

（12）法律、行政法规和国家规定禁止的其他内容。

**2. 禁止含有下列内容的印刷品及音像制品出境**

（1）有禁止进境内容的；

（2）涉及国家秘密的；

（3）国家主管部门认定禁止出境的。

**3. 属于国家秘密的文件、资料和其他物品禁止邮寄出境**

**（三）数量**

（1）个人自用进境印刷品及音像制品在下列规定数量以内的，海关予以免税验放：

①单行本发行的图书、报纸、期刊类出版物每人每次10册（份）以下；

②单碟（盘）发行的音像制品每人每次20盘以下；

③成套发行的图书类出版物，每人每次3套以下；

④成套发行的音像制品，每人每次3套以下。

（2）超出上述规定的数量，但是仍在合理数量以内的个人自用进境印刷品及音像制品，且不属于下文（3）之规定情形的，海关应当按照《关税条例》有关进境物品进口税的征收规定对超出规定数量的部分予以征税放行。

（3）有下列情形之一的，海关对全部进境印刷品及音像制品按照进口货物依法办理相关手续：

①个人携带、邮寄单行本发行的图书、报纸、期刊类出版物进境，每人每次超过50册（份）的；

②个人携带、邮寄单碟（盘）发行的音像制品进境，每人每次超过100盘的；

③个人携带、邮寄成套发行的图书类出版物进境，每人每次超过10套的；

④个人携带、邮寄成套发行的音像制品进境，每人每次超过10套的；

⑤其他构成货物特征的。

有前款所列情形的，进境印刷品及音像制品的收发货人、所有人及其代理人可以依法申请退运其进境印刷品及音像制品。

**小贴士** 海关对个人自用的印刷品及音像制品数量进行了量化明确，规定了征免个人行邮税范围，以及超量不再征收行邮税应办理的相关手续。

| 验放标准 | 免税验放 | 按物品征税 | 按货物报关 |
|---|---|---|---|
| 单行本图书类 | 10 | 11 – 50 | >50 |
| 单碟音像制品 | 20 | 21 – 100 | >100 |
| 成套发行图书或音像制品 | 3 | 4 – 10 | >10 |

## 二、海关对进出境印刷品及音像制品的不同管理规定

### （一）无违禁内容的印刷品及音像制品

在自用合理数量范围内的印刷品及音像制品进出境管理规定如下：

①个人携带进出境的行李物品、邮寄进出境的物品，应当以自用、合理数量为限，并接受海关监管。

②个人自用进境印刷品及音像制品有3个数量标准：

其一，在规定的数额以内，又属于自用的，免税进境；

其二，超过规定数额但仍属于自用、合理数量范围的，超出部分缴纳物品进口税；

其三，数量超过自用、合理数量的，整批物品按照货物办理进口手续。

**海关提醒** 个人自用进境印刷品及音像制品数量少于规定数量，予以免税，但必须是无违禁内容的。举例说明：一位旅客携带了40本不同内容的单本发行的儿童故事进境，那么除去10本可以免税进境，该旅客必须对其余30本缴纳个人物品行邮税。如果他带了51本以上，则全部要按进口货物办理手续。

③对不涉及我国边界的地方志的复制件和本人家族谱的复制件可以放行。

### （二）超过自用合理数量范围的印刷品及音像制品的进出境管理规定

（1）超过规定免税的数量，但是仍在合理数量以内的个人自用进境印刷品及音像制品，不属于下列规定情形的，海关按照《关税条例》有关进境物品进口税的征收规定对超出规定数量的部分予以征税放行。

（2）有下列情形之一的，海关对全部进境印刷品及音像制品按照进口货物依法办理相关手续：

①个人携带、邮寄单行本发行的图书、报纸、期刊类出版物进境，每人每次超过50册（份）的；

②个人携带、邮寄单碟（盘）发行的音像制品进境，每人每次超过100盘的；

③个人携带、邮寄成套发行的图书类出版物进境的，每人每次超过10套的；

④个人携带、邮寄成套发行的音像制品进境，每人每次超过10套的；

⑤其他构成货物特征的。

有上述所列情形的，进境印刷品及音像制品的收发货人、所有人及其代理人可以依法申请退运其进境印刷品及音像制品。

**小贴士** 海关对个人自用的印刷品及音像制品数量进行了量化明确，规定了征免个人行邮税范围，以及超量不再征收行邮税应办理的相关手续。

举例说明：个人自用单行本图书、报纸、期刊类出版物，每人每次少于10册（份）的免税；超出10册（份）但少于50册（份）的，对超出部分征收行邮税；多于50册（份）的全部按照进口货物依法办理相关手续。

**（三）有特定内容的印刷品及音像制品**

（1）宗教印刷品及音像制品

①个人携带、邮寄进境的宗教类印刷品及音像制品在自用、合理数量范围内的，准予进境。

②超出个人自用、合理数量进境或者以其他方式进口的宗教类印刷品及音像制品，海关凭国家宗教事务局、其委托的省级政府宗教事务管理部门或者国务院其他行政主管部门出具的证明予以征税验放。无相关证明的，海关按照《海关行政处罚实施条例》的有关规定予以处理。

**小贴士** 国家宗教事务局颁布的《宗教事务条例》中规定：经有关全

国性宗教社会团体或省、自治区、直辖市有关宗教社会团体同意，并经当地省级以上人民政府宗教事务部门批准认可，外国人可以根据有关宗教文化学术交流的项目或协议，携带用于宗教文化学术交流的宗教用品入境。符合上款规定和海关有关规定的宗教用品入境，海关凭省、自治区、直辖市人民政府宗教事务部门或国家宗教事务局的证明予以放行。

下列宗教印刷品、宗教音像制品和其他宗教用品不得进境：

A. 超出个人自用合理数量，且不属于上述规定范围的；

B. 有危害中国国家安全和社会公共利益内容的。

发现有违反上款规定的宗教印刷品、宗教音像制品和其他宗教用品，由海关依法进行处理。

③散发性宗教类印刷品及音像制品，禁止进境。

**小贴士** （1）散发性宗教类印刷品及音像制品，是指运输、携带、邮寄进境，不属于自用、合理数量范围并且具有明显传播特征，违反国家宗教事务法规及有关政策的印刷品及音像制品。

（2）我国《宪法》规定：中华人民共和国公民有宗教信仰自由。各宗教坚持独立自主自办的原则，宗教团体、宗教活动场所和宗教事务不受外国势力的支配。

（2）随机器设备同时进口，以及进口后随机器设备复出口的记录操作系统、设备说明、专用软件等内容的印刷品及音像制品进口时，进口单位应当按照海关的要求交验合同、发票、有关报关单证及其他需要提供的文件，但是可以免领“中华人民共和国文化部进口音像制品批准单”（以下简称“批准单”）等批准文件。

（3）境外赠送进口的印刷品及音像制品，受赠单位应当向海关提交赠送方出具的赠送函和受赠单位的接受证明及有关清单。

接受境外赠送的印刷品超过100册或者音像制品超过200盘的，受赠单位除向海关提交上述单证外，还应当提交国务院有关行政主管部门的批准文件。

（4）出口印刷品及音像制品，相关单位应当依照有关法律、法规的规定，向海关办理出口手续。

（5）用于展览、展示的印刷品及音像制品进出境，主办或者参展单位应当按照国家有关规定向海关办理暂时进出境手续。

（6）进入保税区、出口加工区及其他海关特殊监管区域和保税监管场所的印刷品及音像制品的通关手续，依照有关规定办理。

（7）享有外交特权和豁免的外国驻中国使馆、领馆及人员，联合国及其专门机构以及其他与中国政府签有协议的国际组织驻中国代表机构及人员进出境印刷品及音像制品，依照有关规定办理。

（8）各类境外企业或者组织在境内常设代表机构或者办事处（不包括外国人员子女学校）及各类非居民长期旅客、留学回国人员、短期多次往返旅客进出境公用或者自用印刷品及音像制品数量的核定和通关手续，依照有关规定办理。

（9）属于国家秘密的文件、资料和其他物品禁止邮寄出境。

对因特殊情况属于国家秘密文件、资料和其他物品出境，须我外交信使或国家保密局核准的单位、个人携运出境，凭有关保密工作部门或机构签发“中华人民共和国国家秘密载体出境许可证”（以下简称“出境许可证”），并由“出境许可证”签发部门对携运出境的国家秘密文件、资料和其他物品包装并铅封（特大物品或不便包装的，可要求携运人进行包装），海关凭“出境许可证”对经铅封的文件资料和其他物品进行核放。

海关按照规定，对批准携运出境的国家秘密文件、资料和其他物品，凭加盖鉴定印章的“出境许可证”和与鉴定印章号码一致的铅识章号码验放。绝密级国家秘密文件、资料和其他物品不得办理“出境许可证”。

**海关提醒** 涉及国家秘密的印刷品及音像制品是禁止采用邮寄方式出境的，要特别注意！

## 三、运输有违禁内容的印刷品及音像制品的处理和处罚

（1）运输、携带、邮寄国家禁止进出境的印刷品及音像制品进出境，如实向海关申报的，予以收缴，或者责令退回，或者在海关监管下予以销毁或者进行技术处理。

运输、携带、邮寄国家限制进出境的印刷品及音像制品进出境，如实向海关申报，但是不能提交许可证件的，予以退运。

（2）构成走私行为、违反海关监管规定行为或者其他违反《海关法》行为的，由海关依照《海关法》和《海关行政处罚实施条例》的有关规定予以处理；构成犯罪的，依法追究刑事责任。

（3）对邮寄或非法携运国家秘密文件、资料和其他物品出境的当事人，海关可根据有关规定视情处以罚款；对情节严重，构成犯罪的，依法移送有关司法机关处理。

（4）对查扣的邮寄或非法携运出境的属于国家秘密的文件、资料或其他物品，待案件办结后，海关将有关物品移交当地地市级以上（含地市级）政府保密工作部门处理，并办理书面交接手续。

违反《中华人民共和国海关进出境印刷品及音像制品监管办法》（以下简称《海关进出境印刷品及音像制品监管办法》），构成走私行为、违反海关监管规定行为或者其他违反《海关法》行为的，由海关依照《海关法》和《海关行政处罚实施条例》的有关规定予以处理；构成犯罪的，依法追究刑事责任。

（5）《海关行政处罚实施条例》规定，有下列行为之一的，予以警告，可以处物品价值20%以下罚款，有违法所得的，没收违法所得：

①个人运输、携带、邮寄超过合理数量的自用物品进出境未向海关申报的；

②个人运输、携带、邮寄超过规定数量但仍属自用的国家限制进出境物品进出境，未向海关申报但没有以藏匿、伪装等方式逃避海关监管的；个人运输、携带、邮寄物品进出境，申报不实的。

（6）有下列情形之一的，有关货物、物品、违法所得、运输工具、特

制设备由海关予以收缴：

①依照《中华人民共和国行政处罚法》第二十五条、第二十六条的规定不予行政处罚的当事人携带、邮寄国家禁止进出境货物、物品进出境的；

②散发性邮寄国家禁止、限制进出境的物品进出境或携带数量零星的国家禁止进出境的物品进出境，依法可以不予行政处罚的。

## 四、海关按照放弃货物、物品处理的进出境印刷品及音像制品

下列进出境印刷品及音像制品，由海关按照放弃货物、物品依法予以处理：

（1）收货人、货物所有人、进出境印刷品及音像制品所有人声明放弃的；

（2）在海关规定期限内未办理海关手续或者无人认领的；

（3）无法投递又无法退回的。

## 五、单位进出口印刷品及音像制品须办理的手续

### （一）国家指定经营进口业务

国家对文化产品进口实行特许经营，对经营单位实行文化产品进口经营许可制度。进口经营许可证由国务院文化、广播电影电视、新闻出版行政部门核发。印刷品及音像制品的进口业务，由国务院有关行政主管部门批准或者指定经营。未经批准或者指定，任何单位或者个人不得经营印刷品及音像制品进口业务。

其他单位或者个人进口印刷品及音像制品，应当委托国务院相关行政主管部门指定的进口经营单位向海关办理进口手续。

### （二）相关手续

（1）对进口文化产品实行准入制度，各级海关凭文化、广播电影电视、新闻出版行政部门核发的进口文化产品准入文件办理验放手续。

(2) 除国家另有规定外，进口报纸、期刊、图书类印刷品，经营单位应当持国务院新闻出版行政主管部门的进口批准文件、目录清单、有关报关单证及其他需要提供的文件向海关办理进口手续。

(3) 进口音像制品成品或者用于出版的音像制品母带（盘）、样带（盘），经营单位应当持批准单、有关报关单证及其他需要提供的文件向海关办理进口手续。

(4) 非经营音像制品性质的单位进口用于本单位宣传、培训及广告等目的的音像制品，应当按照海关的要求交验批准单、合同、有关报关单证及其他需要提供的文件；数量总计在200盘以下的，可以免领批准单。

(5) 从事印刷品及音像制品出口业务的企业应依法办理对外贸易经营者备案登记表，海关凭登记表及其他相关文件办理出口手续。

(6) 为促进国产音像制品出口，实行方便快捷的出口审核验放机制，即在“有效监管、快速通关”的前提下，国产音像制品出口单位可自愿选择将音像制品送新闻出版总署进行预先审核。经新闻出版总署审核，在“新闻出版总署音像制品（成品）出口审核单”上加盖“新闻出版总署音像制品（成品）进出口审查专用章”后，海关按规定直接办理通关手续。

**案例** 2007年9月14日，音乐发烧友王一旅游归国，随身携带在国外购买的CD 120张，价值42 000元人民币，从北京首都机场进境，如实填写了“中华人民共和国进出境旅客行李申报单”。虽然王一反复解释这些CD并非用于商业目的，纯属个人爱好收藏，并且全部为古典音乐作品，绝无不良内容，但是，海关关员在核对了王一携带的CD数量以及购买凭据显示的价格后，仍告知其应向文化部申领“中华人民共和国文化部进口音像制品批准单”，凭该批准单向海关照章纳税后方可带进。最后，王一只好颇费周折地拿到文化部批准单，办理了有关进口手续，缴纳了9 960元进口关税及海关代收增值税。

此后王一查阅了《海关法》后认为：根据《海关法》的规定，个人携带进出境的行李物品在自用、合理数量范围以内应当免征关税，既然自己携带进境的CD全部为自用，并非用于出租、出售，属于自用、合理数量范围，应当予以免征关税，遂向首都机场海关的上一级海关北京海关提起行政复议申请。

2007 年 10 月 19 日，王一向北京海关递交了行政复议申请，要求复议机关撤销首都机场海关的征税决定，退还已征税款。复议机关经审查认定，王一进境携带 CD 120 张，价值 42 000 元人民币，根据《海关进出境印刷品及音像制品监管办法》第九条的规定，个人携带单碟（盘）发行的音像制品进境，每人每次超过 100 盘的，海关对全部进境音像制品按照进口货物依法办理相关手续。因此，首都机场海关要求王一按照进口货物办理所携带光盘征税进口手续于法有据，其征税决定认定事实清楚，程序合法。据此，复议机关作出复议决定，维持原征税决定。

**分析**：此案例中，王一携带的全部是不同内容音乐的 CD，所以不属于禁止和限制进出境物品；数量上已达到按进口货物办理报关手续数量，所以需要办理货物报关手续。

**海关提醒** 有需要运输印刷品及音像制品的当事人在进出境印刷品及音像制品时要特别关注以下几个方面：（1）禁止和限制进出境物品：所有列入我国“禁止进出境物品表”和“限制进出境物品表”的物品都应按照禁限物品进行管理，不能以自用合理数量作为能否放行的标准；（2）数量：不同数量需要依法办理不同的海关手续。《海关进出境印刷品及音像制品监管办法》中对规定数量作出了明确的规定。此外，《海关进出境印刷品及音像制品监管办法》规定“其他构成货物特征的”是指即使数量未超过自用、合理数量范围，但是如果具有贸易性质，如出售或者出租，海关也需对其全部按照进口货物办理相关手续。

## 第二节 美术品

您受邀请参加境外画展，知道怎样把自己的画平安运出去，并且运回来吗？您从境外购买雕塑作品装点自己的家，知道通关时该如何办手续吗？为了顺利通关，建议您最好提前认真了解一下国家主管部门和海关对美术品的管理规定。

## 一、了解美术品

（1）美术品是指艺术创作者以线条、色彩或者其他方式创作的具有审美意义的造型艺术作品，包括绘画、书法、雕塑、摄影、装置等作品，以及艺术创作者许可并签名的，数量在200件以内的复制品。不包括工业化批量生产的工艺美术产品，不包括文物。

（2）美术品进出口经营活动是指从境外进口或向境外出口美术品的经营活动。

其中涉外商业性美术品展览活动是指以销售、商业宣传为目的在境内公共展览场所举办的，有境外艺术创作者或者境外艺术作品参加的各类展示活动。

同一批已经批准进口或出口的美术品复出口或复进口时，进口单位可持原批准文件正本到原进口或出口口岸海关办理相关手续，文化行政部门不再重复审批。上述复出口或复进口的美术品如与原批准文件内容不符，进出口单位应当到文化行政部门重新办理审批手续。

（3）美术品进出口单位，是指在商务部门备案登记，取得进出口资质的企业。

**小贴士** 从中国香港特别行政区、澳门特别行政区和台湾地区进口或者向上述地区出口美术品，比照执行。

## 二、海关监管要求及重点

### （一）程序

#### 1. 美术品进出境为何要申报

进出境物品的所有人应当向海关如实申报，并接受海关查验。

违反海关规定，构成走私或者违反海关监管规定行为的，由海关依照《海关法》、《海关行政处罚实施条例》及相关法律、行政法规的有关规定予以处理；构成犯罪的，依法追究刑事责任。进出境印刷品及音像制品的收发货人、所有人及其代理人，应当依法如实向海关申报，并且接受海关监管。

**2. 海关如何查验美术品**

海关对个人自用合理数量范围内美术品的查验主要是从内容、数量方面进行；对单位进出境的美术品管理从经营单位、内容、单货是否一致等方面进行。海关依据国家对美术品主管部门——文化行政部门意见予以验放。

文化部委托美术品进出口口岸所在地省、自治区、直辖市文化行政部门负责本辖区美术品的进出口审批。文化部对各省、自治区、直辖市文化行政部门的审批行为进行监督、指导，并依法承担审批行为的法律责任。

美术品进出口口岸所在地省、自治区、直辖市文化行政部门的审批行为应对文化部负责，并每季度一次报送文化部审查备案。

任何单位和个人不得销售、展览、展示或者利用其他商业形式传播未经文化行政部门批准进口的美术品。

### （二）内容

（1）国家鼓励进口和出口有利于传播世界优秀文化艺术、有利于提升人民群众思想、道德、文化、欣赏水平的美术品。

（2）禁止含有下列内容的美术品进出境：

①违反宪法确定的基本原则的；

②危害国家统一、主权和领土完整的；

③泄露国家秘密、危害国家安全或者损害国家荣誉和利益的；

④煽动民族仇恨、民族歧视，破坏民族团结，或者侵害民族风俗习惯的；

⑤宣扬或者传播邪教、迷信的；

⑥扰乱社会秩序、破坏社会稳定的；

⑦宣扬或者传播淫秽、色情、赌博、暴力、恐怖或者教唆犯罪的；
⑧侮辱或者诽谤他人、侵害他人合法权益的；
⑨蓄意篡改历史、严重歪曲历史的；
⑩危害社会公德或者有损民族优秀文化传统的；
⑪法律、行政法规和国家规定禁止的其他内容。

**海关提醒** （1）一定不要携带、邮寄或以其他方式进出境有上述内容的美术品，因为它们一律不准进出境。

（2）美术品进出境，海关有可能将暂留货物、物品，对内容进行审读，以确定是否含有违禁内容。

## 三、不同性质美术品的进出境手续

### （一）个人携带、邮寄美术品进出境

个人应主动向海关申报。超过自用、合理数量范围的，应当委托美术品进出口单位参照一般情况办理进出口手续。

**海关提醒** 对个人携带、邮寄美术品进出境，进出境海关认为内容性质难以确定时，可要求携带人、收件人将拟进出境美术品的相关材料送美术品进出口口岸所在地省、自治区、直辖市文化行政部门审查，文化行政部门在接受上述材料15日之内出具审查意见。海关根据审查意见决定是否验放。

### （二）一般情况进出口审批流程

#### 1. 申请

美术品进出口单位应当在美术品进出口前，向美术品进出口口岸所在地省、自治区、直辖市文化行政部门提出申请，并报送以下材料：

（1）美术品进出口单位的企业法人营业执照、对外贸易经营者备案登

记表；

（2）进出口美术品的来源、目的地、用途；

（3）艺术创作者名单、美术品图录和介绍；

（4）审批部门要求提供的其他材料。

2. **审核决定**

文化行政部门自收到申请之日起15日内作出决定。批准的，发给批准文件，批准文件中应附美术品详细清单。申请单位持批准文件到海关办理手续。不批准的，文化行政部门书面通知申请单位并说明理由。

### （三）境内举办涉外商业性美术品展览的审批流程

1. **申请**

在境内举办涉外商业性美术品展览活动，应当由举办涉外商业性美术品展览活动的单位，于展览日45日前，向展览举办地省、自治区、直辖市文化行政部门提出申请，并报送以下材料：

（1）主办或承办单位的企业法人营业执照、对外贸易经营者备案登记表；

（2）展览活动方案；

（3）举办单位与其他相关单位签订的合同或者协议；

（4）经费预算及资金来源证明；

（5）场地使用协议；

（6）境外来华参展艺术创作者或参展单位的情况介绍；

（7）境外来华参展美术品的名录、图片和介绍；

（8）审批部门要求的其他材料。

2. **审核决定**

文化行政部门应在申请单位自申请之日起20日内，作出审核决定。申请单位持批准文件到海关办理有关手续；不批准的，文化行政部门书面通知申请单位并说明理由。展品超过120件的，由所在地省、自治区、直辖市文化行政部门初审后，报文化部审批。

### （四）非经营性用途美术品进出境的审批流程

以研究、教学参考、馆藏、公益性展览等非经营性用途的美术品进出境，应当委托美术品进出口单位参照一般情况办理进出口手续。

## 四、处理与处罚

（1）美术品进出口单位，不得擅自更改、增减批准进出口的美术品数量、作品名称和其他资料。如有更改，应当及时将变更事项向审批部门申报，经审批部门批准确认后，方可变更。文化行政部门的批准文件，不得伪造、涂改，不得出租、出借、出售或者以其任何形式转让。

（2）进出口经营活动中含有国家禁止内容的美术品，或者擅自销售、展览、展示，以及利用其他商业形式传播未经文化行政部门批准进口的美术品的，由所在地县级以上文化行政部门责令改正，并视情节轻重予以警告，没收违法物品，或者并处5 000元以上30 000元以下罚款。

（3）擅自更改、增减批准进出口的美术品数量、作品名称和其他资料，伪造、涂改，出租、出借、出售或者以其他任何形式转让文化行政部门批准文件，由所在地县级以上文化行政部门视情节轻重予以警告、撤销原批准文件，并处2 000元以上10 000元以下罚款。

（4）构成走私行为，违反海关监管规定行为或者其他违反海关法行为的，由海关依照《海关法》和《海关行政处罚实施条例》的有关规定处理；构成犯罪的，依法追究刑事责任。对海关作出的行政处罚决定，当事人逾期不履行的，由海关按照《海关行政处罚实施条例》第六十条的规定处理。

（5）文化和海关行政部门根据本规定作出行政处罚决定时，出具行政处罚决定书。当事人对文化和海关行政部门的行政处罚决定不服时，可以依法申请复议或者依法向人民法院提起诉讼。对文化行政部门作出的行政处罚决定，当事人逾期不申请复议，不向人民法院提起诉讼又不履行的，由作出行政处罚决定的行政部门申请人民法院强制执行。

# 第三节　禁限物品

您是否曾经在境外旅游，看见美丽的象牙制品想买下带回国？您是否曾经因为要到国外交学费、置业或其他原因打算携带数目不小的外汇现金出境？如果您曾经有这些想法，就一定要事先了解海关对禁限物品的相关规定；否则，一不小心触犯了法律法规，轻则损失财物，重则受到刑事处罚。

禁限物品是国家禁止进出境物品和国家限制进出境物品的简称。禁止进出境物品与限制进出境物品在某些方面有些类似，一般都需要经过有关主管部门批准，取得相关证件、文件才能进出境。但是，禁止进出境物品一般指政府为保护国家政治、经济、文化、道德、卫生等方面的利益，以法律、法规明令不准进境或出境，非特殊情况、不经过严格的审核程序，主管部门不会批准的物品；而限制进出境物品系指按照国家规定限值限量进出境或需经有关部门批准即可进出境的物品，一般循正常途径向主管部门申请即可。

## 一、禁止进出境物品的范围

### （一）禁止进境物品包括七项

（1）各种武器、仿真武器、弹药及爆炸物品；

（2）伪造的货币及伪造的有价证券；

（3）对中国政治、经济、文化、道德有害的印刷品、胶卷、照片、唱片、影片、录音带、录像带、激光视盘、计算机存储介质及其他物品；

（4）各种烈性毒药；

（5）鸦片、吗啡、海洛因、大麻，以及其他能使人成瘾的麻醉品、精神药物；

（6）带有危险性病菌、害虫及其他有害生物的动物、植物及其产品；

（7）有碍人畜健康的、来自疫区的，以及其他能传播疾病的食品、药品或其他物品。

**（二）禁止出境物品包括四项**

（1）列入禁止进境范围的所有物品；

（2）内容涉及国家秘密的手稿、印刷品、胶卷、照片、唱片、影片、录音带、录像带、激光视盘、计算机存储介质及其他物品；

（3）珍贵文物及其他禁止出境的文物；

（4）濒危的和珍贵的动物、植物（均含标本）及其种子和繁殖材料。

## 二、限制进出境物品的范围

**（一）限制进境物品包括五项**

（1）无线电收发信机、通信保密机；

（2）烟、酒；

（3）濒危的和珍贵的动物、植物（均含标本）及其种子和繁殖材料；

（4）国家货币；

（5）海关限制进境的其他物品。

**（二）限制出境物品包括七项**

（1）金银等贵重金属及其制品；

（2）国家货币；

（3）外币及其有价证券；

（4）无线电收发信机、通信保密机；

（5）贵重中药材；

（6）一般文物；

（7）海关限制出境的其他物品。

## 三、部分禁限物品的管理规定

### （一）武器弹药

武器弹药包括各种枪支、仿真武器、弹药及爆炸物品。

枪支指以火药或者压缩气体等为动力，利用管状器具发射金属弹丸或者其他物质，足以致人死亡或者丧失知觉的各种枪支。弹药指整发子弹或其组成部分，包括弹壳、底火、发射火药、子弹或任何枪支中使用的弹丸。

仿真武器是指具有攻击、防卫等性能的物品，包括各种类型的仿真手枪式电击、催泪器，各种类型的仿真枪械及弹药，具有攻击、防卫性能的其他仿真武器、弹药及上述以外的其他类似械具。

遇到有体育赛事需要，或者保卫国家元首这类非常特殊的情况需要携带武器弹药进出境，携带者应事先报经有关部门批准，并由边防检查站审核签发枪支携运许可证，在进出境时向海关申报，海关凭有关部门的批件及边防检查部门签发的枪支携运许可证放行。

如果没有上述批件和许可证，可千万不要试图携带、邮寄各种武器弹药进出境。违者，海关将依法处理。

**小贴士** 仿真武器尽管不是真武器，但也是国家禁止进出境的物品，千万不要忽视！

**案例** 小王热衷于野战游戏，希望在游戏中拥有自己的私家枪，就通过互联网从美国网购了3支不同型号的野战仿真枪，邮递进境。结果海关关员查获后，移交至海关缉私警察立案处理，仿真枪被没收，小王也受到了相应的处罚。

### （二）管制刀具

除另有规定外，禁止旅客携带各种管制刀具进出境。违者，海关将依法处理。

按照规定，是否属于管制刀具，由公安机关依法进行认定。所以，海关查获了刀具，一般会移送公安部门鉴定处理。

管制刀具的认定如下：

（1）匕首：带有刀格的单刃、双刃、三棱刀，且刀身长度超过100毫米（包括100毫米）；

（2）三棱刀：机械加工用的三棱刮刀；

（3）带有自锁装置的弹簧刀（跳刀），且刀身长度超过100毫米（包括100毫米）；

（4）其他类似的单刃、双刃、三棱尖刀，刀身长度超过120毫米（包括120毫米），且刀刃与刀背（或另一侧刀刃）上距离刀尖顶点1厘米的点与刀尖顶点形成的角度小于60度的双刃或单刃刀；

（5）无弹簧但有自锁装置的单刃、双刃刀和形似匕首但长度超过匕首的单刃、双刃刀等。

武术器械及生产、工作、生活用刀具，如切菜刀、武术刀都不属于管制刀具。

**案例** 小李前往日本旅行，购买了一把日本军刀作为纪念品，在入境时向海关申报之后，被告知禁止携带入境，由于是主动向海关申报的，海关仅对军刀作没收处理。

**（三）毒品**

毒品是指国家规定管制的能够使人形成瘾癖的麻醉品和精神药品，如鸦片、吗啡、海洛因、大麻、冰毒、可卡因等。毒品是国家立法管制的麻醉药品和精神药品的通称，属国家禁止进出境物品。

若非以下特殊情况，千万别碰毒品：

（1）国家对麻醉药品、精神药品的进（出）口实行进（出）口准许证管理制度，海关一律凭国家药品监督管理局签发的麻醉药品进（出）口准许证或精神药品进（出）口准许证办理进出口手续。

（2）因治疗疾病的需要，个人凭医疗机构出具的医疗诊断书、本人身份证明，可以携带单张处方最大用量以内的麻醉药品和第一类精神药品；携带麻醉药品和第一类精神药品进出境的，由海关根据自用、合理的原则放行。

（3）医务人员为了医疗需要携带少量麻醉药品和精神药品进出境的，应当持有省级以上人民政府药品监督管理部门发放的携带麻醉药品和精神药品证明。海关凭携带麻醉药品和精神药品证明放行。

**海关提醒** 由于贩卖毒品的利润很大，国际毒贩千方百计地寻找带毒进出境的渠道。所以，建议您不要帮他人携带行李进出境或者收取邮件、快件。万一被人利用，悔之晚矣！

**案例** 小刘出境过关时，海关关员一打开其行李，就发现了一个药瓶，内有40片安定。小刘向关员解释自己是长期失眠患者，此次出国公干半年，特向长期看病的医院要求多开了一些安定，并出示了自己的病历。关员看到小刘虽然没有申报带有精神药物，但没有藏匿行为，又翻阅小刘的护照，目的国家的签证有效期为半年，病历名字确实是小刘，且病情、医嘱、处方同小刘所说的情况相符，最后根据自用、合理原则对40片安定予以放行。

### （四）金银及其制品

国家对旅客个人带进黄金及其制品的限量规定是以自用、合理数量为限。进境时旅客应当向海关申报，海关核准后可以免税放行。超出自用、合理数量携带的黄金及其制品，视同进出口货物，须凭中国人民银行总行的批件办理进出口手续。

经海关核准进境的金银及其制品，可以留在境内；如需复带出境，海关凭原入境时的旅客行李申报单登记的数量、重量查验放行；凡入境时未向海关申报登记或者超过原入境时申报登记数量的，不许出境。

入境旅客用带进的外汇在中国境内指定的商店购买的金银首饰，包括镶嵌饰品、器皿等新工艺品，携带、托运、邮寄出境，海关凭境内经营金银制品的指定商店出具的由中国人民银行统一制发的特种发货票查核放行，不能提供特种发货票的，不许邮寄、携运出境。

旅客因出访、探亲、旅游等目的出境，以及前往国外或者中国港澳地区工作和学习的，所佩戴的自用金银饰品，在海关规定的数量范围内，准予放行。超出规定限额的，海关凭银行出具的携带金银出境许可证，查验放行。如果不能提供携带金银出境许可证的，将不许携带出境。

凡隐瞒不报或者用其他方法逃避海关监管的，未经批准擅自进口的，海关将依法处理。

**案例** 王先生是中国香港人，选择“无申报通道”入境时，被在通道上选查的关员截停，要求行李过X光机检查，进一步开箱查验后，发现行李箱夹层藏有20条款式都是相同简单的金链，总重量近300克。经进一步调查得知，这些金链是拟带进广东省内进一步加工后复出境至香港销售。最后，缉私警察根据《海关行政处罚实施条例》的有关规定对王先生进行了处罚。

### （五）货币及有价证券

#### 1. 国家货币

无论是中国人还是外国人进出境，每人每次携带的人民币最高限额为20 000元。携带少于或等于20 000元人民币的，在实行双通道制度的海关现场，可选择“无申报通道”通关；超过20 000元的，必须选择“申报通道”向海关办理书面申报手续，海关为您办理退运手续，如果您不按规定申报的，海关将予以处罚。

国家还规定，不得在邮件中夹带国家货币出入境，不得擅自运输国家货币出入境。违反国家规定运输、携带、在邮件中夹带国家货币出入境的，由国家有关部门依法处理；情节严重，构成犯罪的，由司法机关依法追究刑事责任。

#### 2. 外币

（1）对一般旅客的要求。

旅客携带外币现钞入境，超过等值5 000美元应当向海关书面申报，出境时携带不超过等值5 000美元外币现钞出境，无须申领携带外汇出境许可证，海关凭其最近一次入境时的外币现钞申报数额记录验放；超出规定限额的，应向银行或国家外汇管理局申领携带外汇出境许可证，海关凭盖有“银行携带外汇出境专用章”和“国家外汇管理局携带外汇出境核准章”的携带外汇出境许可证放行。

**案例** 戴先生是中国香港人，出境通关时，向海关书面申报自己带有一百万港币，自称自己是从香港带进，原想在内地买房子但没买成，现带回出境。当天1港币可以兑换0.13美元，所以一百万港币大约相当于13万美元，远远超出了国家外汇管理局规定的5 000美元限值。戴先生进境时没有向海关申报其携带有外汇，后来也没有向银行或国家外汇管理局申领携带外汇出境许可证，所以海关只能放行大约相当于5 000美金的40 000港币。又因为戴先生出境时有向海关如实申报了自己携带的外汇情况，海关没有对戴先生作任何处罚，只对超出限值的96万港币作了退运处理，由戴先生交由其送行的内地朋友带回内地。

（2）对15天内多次往返或当天多次往返旅客的要求。

携带外币现钞入境须向海关书面申报，出境时海关凭最近一次入境时的申报外币现钞数额记录验放。没有超过最近一次入境申报外币现钞数额记录的，15天内或当天首次出境时可携带不超过等值5 000美元（含5 000美元）的外币现钞出境，不需申领携带证，海关予以放行；携带金额在等值5 000美元以上的，海关不予放行。15天内第二次及以上出境时，可携带不超过等值1 000美元（含1 000美元）的外币现钞出境，不需申领携带证，海关予以放行；携带金额超过等值1 000美元的，海关不予放行。当天内第二次及以上出境时，可携带不超过等值500美元（含500美元）的外币现钞出境，不需申领携带证，海关予以放行；携带金额超过等值500美元的，海关不予放行。

**小贴士** 以上规定都指现金。如果您携带的是外币票据（包括人民币旅行支票、旅行信用证等人民币外汇票证），则可自由进出境。

关于申领携带外汇出境许可证的程序等事宜，可以向附近有外汇兑换业务的银行或直接向外汇管理部门咨询。

**（六）文物**

**1. 在中华人民共和国境内，下列具有历史、艺术、科学价值的文物，受国家保护**

（1）具有历史、艺术、科学价值的古文化遗址、古墓葬、古建筑、石窟寺和石刻；

（2）与重大历史事件、革命运动和著名人物有关的，具有重要纪念意义、教育意义和史料价值的建筑物、遗址、纪念物；

（3）历史上各时代珍贵的艺术品、工艺美术品；

（4）重要的革命文献资料，以及具有历史、艺术、科学价值的手稿、古旧图书资料等；

（5）反映历史上各时代、各民族社会制度、社会生产、社会生活的代表性实物。

具有科学价值的古脊椎动物化石和古人类化石同文物一样受国家的保护。

属于海关禁限物品中的珍贵文物是指国家博物馆馆藏一、二、三级文物；其他禁止出境的文物是指有损国家荣誉、有碍民族团结、在政治上有不良影响的文物。

**2. 禁止出境文物的种类和范围**

（1）凡在1949年以前（含1949年）生产、制作的具有一定历史、艺术、科学价值的文物，原则上禁止出境。其中，1911年以前（含1911年）生产、制作的文物一律禁止出境。

（2）凡在1966年以前（含1966年）生产、制作的有代表性的少数民族文物禁止出境。

（3）凡有损国家、民族利益，或者有可能引起不良社会影响的文物，不论年限，一律禁止出境。

（4）“文物出境审核标准”（请参考附件三）中规定禁止出境的文物。

3. **列为不准出境或限制出境的书画作品范围**

（1）1949 年后已故著名书画家的作品限制出境（共有 140 名），分为作品一律不准出境、原则上不准出境和精品不准出境三类。

①作品一律不准出境者（10 人）

| | | | |
|---|---|---|---|
| 王式廊 | 何香凝 | 李可染 | 林风眠 |
| 徐悲鸿 | 董希文 | 傅抱石 | 潘天寿 |
| 高　仑（剑父） | 黄　质（宾虹） | | |

②作品原则上不准出境者（23 人）

| | | | |
|---|---|---|---|
| 于右任 | 郭沫若 | 丰子恺 | 石　鲁 |
| 刘奎龄 | 颜文樑 | 刘海粟 | 于　照（非闇） |
| 沈尹默 | 吴作人 | 吴湖帆 | 谢稚柳 |
| 陆俨少 | 陈云彰（少梅） | 林散之 | 赵朴初 |
| 高奇峰 | 钱松嵒 | 黄　胄 | 蒋兆和 |
| 张　爰（大千） | 溥　儒（心畬） | 齐　璜（白石） | |

③精品不准出境者（107 人）

| | | | |
|---|---|---|---|
| 王　贤（个簃） | 吴　桐（琴木） | 丁衍庸 | 马叙伦 |
| 马一浮 | 马　晋 | 戈　荃（湘岚） | 冯　迥（超然） |
| 王心竟 | 王　伟 | 王雪涛 | 王叔晖 |
| 吴　徵（待秋） | 吴显曾（光宇） | 王福庵 | 王襄 |
| 方人定 | 方济众 | 吴熙曾（镜汀） | 陈子庄（石壶） |
| 邓散木 | 邓尔疋 | 朱家济 | 朱复戡 |
| 陈　年（半丁） | 张克和（石园） | 张大壮 | 张书旂 |
| 张宗祥 | 张其翼 | 李　英（苦禅） | 陆　翀（抑非） |
| 罗复堪 | 胡小石 | 胡佩衡 | 钱君匋 |
| 何　瀛（海霞） | 郑　昶（午昌） | 唐　云 | 高二适 |
| 贺天健 | 容　庚 | 周　仁（怀民） | 赵　起（云壑） |
| 徐宗浩 | 徐　操 | 周元亮 | 郑诵先 |
| 秦　裕（仲文） | 董　揆（寿平） | 黎冰鸿 | 王蘧常 |
| 朱屺瞻 | 吴华源 | 吕凤子 | 刘子久 |
| 刘继卣 | 刘凌沧 | 江寒汀 | 陈之佛 |

| | | | |
|---|---|---|---|
| 陈子奋 | 陈秋草 | 沙孟海 | 李铁夫 |
| 李　耕 | 李琼玖 | 宋文治 | 余任天 |
| 应野平 | 赵望云 | 陶一清 | 曹克家 |
| 常书鸿 | 黄幻吾 | 黄君璧 | 黄秋园 |
| 黄般若 | 谢无量 | 来楚生 | 周肇祥 |
| 赵少昂 | 谢之光 | 蔡鹤汀 | 叶浅予 |
| 叶恭绰 | 白　蕉 | 冯建吴 | 田世光 |
| 古　元 | 关　良 | 吴玉如 | 吴茀之 |
| 张振铎 | 张肇铭 | 陆维钊 | 邵　章 |
| 苏葆桢 | 周思聪 | 顾廷龙 | 诸乐三 |
| 郭味蕖 | 商承祚 | 章士钊 | 傅增湘 |
| 溥　伒 | 溥　佺 | 黄新波 | |

（2）1795～1949 年间著名书画家的作品限制出境（共有 245 名），分为作品一律不准出境、原则上不准出境及精品和各时期代表作品不准出境三类。

①作品一律不准出境者（20 人）

| | | | |
|---|---|---|---|
| 王文治（梦楼） | 王　宸（蓬心） | 邓石如（顽伯） | 任　熊（渭长） |
| 刘彦冲（泳之） | 华　冠（吉崖） | 余　集（秋室） | 张惠言（皋文） |
| 张　崟（夕庵） | 改　琦（七芗） | 金礼嬴（五云） | 赵之谦（㧑叔） |
| 洪亮吉（稚存） | 段玉裁（茂堂） | 费丹旭（晓楼） | 徐三庚（袖海） |
| 虚　谷（倦鹤） | 黄　易（小松） | 董婉贞（双湖） | 潘恭寿（莲巢） |

②作品原则上不准出境者（32 人）

| | | | |
|---|---|---|---|
| 王　杰（伟人） | 王鸣盛（礼堂） | 方　薰（兰士） | 永王星（少厂） |
| 冯敏昌（伯求） | 任　颐（伯年） | 伊秉绶（墨卿） | 纪　昀（晓岚） |
| 孙星衍（渊如） | 刘　墉（石庵） | 吴荣光（荷屋） | 吴俊卿（昌硕） |
| 沈宗骞（芥舟） | 汪承霈（时斋） | 李叔同（弘一） | 陈师曾（衡恪） |
| 严　复（几道） | 林则徐（少穆） | 法式善（梧门） | 姚　鼐（姬传） |
| 袁　枚（子才） | 奚　冈（铁生） | 翁方纲（覃溪） | 铁　保（梅庵） |
| 钱　杜（叔美） | 钱大昕（竹汀） | 钱　坫（十兰） | 梁同书（山舟） |
| 梁启超（任公） | 董　诰（蔗林） | 黎　简（二樵） | 戴　熙（醇士） |

③精品和各时期代表作品不准出境者（193 人）

| | | | |
|---|---|---|---|
| 丁以诚（义门） | 丁佛言（松游） | 万上遴（辋冈） | 万承纪（廉山） |
| 尤　荫（水村） | 文　鼎（后山） | 王引之（伯申） | 王　礼（秋言） |
| 王芑孙（惕甫） | 王学浩（椒畦） | 王　昶（德甫） | 王佺运（湘绮） |
| 王　素（小梅） | 王懿荣（正孺） | 计　芬（小隅） | 龙启瑞（翰臣） |
| 包世臣（慎伯） | 左宗棠（季高） | 石韫玉（琢堂） | 冯　洽（秋鹤） |
| 冯誉骥（展云） | 司马钟（绣谷） | 任　预（立凡） | 任　薰（阜长） |
| 江　介（石如） | 朱文新（涤斋） | 朱为弼（椒堂） | 朱鹤年（野云） |
| 朱　本（素人） | 朱孝纯（子颖） | 朱昂之（青立） | 朱　偁（梦庐） |
| 朱　熊（梦泉） | 阮　元（芸台） | 那彦成（绎堂） | 许乃钊（信臣） |
| 毕　沅（秋帆） | 毕　涵（焦麓） | 毕　简（仲白） | 汤金钊（敦甫） |
| 汤贻汾（雨生） | 汤　涤（定之） | 达　受（六舟） | 刘德六（子和） |
| 何绍基（子贞） | 何　翀（丹山） | 沙　馥（山春） | 佘启祥（春帆） |
| 余绍宋（越园） | 沈曾植（寐叟） | 吴大澂（清卿） | 吴榖祥（秋农） |
| 吴锡麟（榖人） | 吴熙载（让之） | 吴　鼎（山尊） | 吴庆云（石仙） |
| 宋光宝（藕堂） | 宋　湘（芷湾） | 宋葆淳（倦陬） | 汪启淑（秀峰） |
| 汪　昉（叔明） | 汪　恭（竹坪） | 汪　葑（芥亭） | 李鸿章（少荃） |
| 李兆洛（申耆） | 李　育（梅生） | 李修易（乾斋） | 陆　恢（廉夫） |
| 张之万（子青） | 张之洞（香涛） | 张兆祥（龢庵） | 张如芝（墨池） |
| 张问陶（船山） | 张廷济（叔未） | 张伯英（勺甫） | 张　洽（月川） |
| 张　度（叔宪） | 张　泽（善子） | 张培敦（研樵） | 张裕钊（廉卿） |
| 张　槃（小蓬） | 张　熊（子祥） | 张燕昌（芑堂） | 张　穆（石舟） |
| 陈介祺（簠斋） | 陈鸿寿（曼生） | 陈希祖（玉方） | 陈树人（猛进） |
| 陈豫钟（秋堂） | 陈　澧（兰甫） | 杨沂孙（濠叟） | 杨　岘（藐翁） |
| 杨守敬（惺吾） | 苏六朋（枕琴） | 苏长春（仁山） | 严　钰（香府） |
| 居　巢（古泉） | 居　廉（古泉） | 招子庸（铭山） | 武　亿（虚谷） |
| 林　纾（琴南） | 英　和（煦斋） | 周　镐（子京） | 金　启（耘麓） |
| 金　城（北楼） | 郑孝胥（苏戡） | 罗天池（六湖） | 罗振玉（雪堂） |
| 俞　礼（达夫） | 俞　明（涤凡） | 俞　樾（曲园） | 姚文田（秋农） |
| 姚元之（伯昂） | 姚　燮（梅伯） | 胡　远（公寿） | 胡锡珪（三桥） |

| | | | |
|---|---|---|---|
| 洪　范（石农） | 姜　渔（笠人） | 姜　筠（颖生） | 姜　壎（晓泉） |
| 赵之琛（次闲） | 赵　光（蓉舫） | 赵秉冲（研怀） | 赵　魏（晋斋） |
| 钮树玉（蓝田） | 倪　田（墨耕） | 郭尚先（兰石） | 郭　麐（频伽） |
| 殷树柏（云楼） | 翁同龢（叔平） | 翁　雒（小海） | 真　然（莲溪） |
| 秦祖永（逸芬） | 秦炳文（谊亭） | 桂　馥（未谷） | 徐世昌（菊人） |
| 徐　坚（覞亭） | 陶　梁（凫芗） | 钱　松（叔盖） | 钱维乔（竹初） |
| 钱伯垌（鲁斯） | 钱　泳（梅溪） | 钱慧安（吉生） | 钱振鍠（名山） |
| 顾麟士（鹤逸） | 顾　沄（若波） | 顾光旭（晴沙） | 顾　洛（西梅） |
| 顾　皋（缄石） | 顾　莼（南雅） | 顾　蕙（墨庄） | 顾鹤庆（弢庵） |
| 章炳麟（太炎） | 曹贞秀（墨琴） | 梁章钜（茝林） | 梁蔼如（青崖） |
| 康有为（长素） | 屠　倬（琴坞） | 盛大士（子履） | 黄山寿（旭初） |
| 黄　均（榖原） | 黄　钺（左田） | 黄培芳（香石） | 萧俊贤（厔泉） |
| 萧　愻（谦中） | 曾国藩（涤生） | 曾　熙（家髯） | 曾　燠（宾谷） |
| 程庭鹭（序伯） | 程　璋（瑶笙） | 焦　循（理堂） | 舒　位（铁云） |
| 瑛　宝（梦禅） | 董　洵（小池） | 蒋宝龄（霞竹） | 蒋　莲（香湖） |
| 蒋　敬（敬之） | 谢兰生（里甫） | 蒲　华（作英） | 鲍　俊（逸卿） |
| 阙　岚（雯山） | 翟大坤（云屏） | 翟继昌（琴峰） | 熊景亨（笛江） |
| 缪炳泰（象贤） | 潘思牧（樵侣） | 戴衢亨（莲士） | 张吾攵（雪鸿） |
| 张祥河（诗舟令） | 莫友芝（郘亭） | 祁步颖 | 高剑僧（秋溪） |
| 高树程（迈庵） | | | |

**4. 海关监管要求**

（1）对进境文物的要求。

旅客携带进境或收件人为个人的文物，如旅客、收件人将其按个人物品申报，海关按照自用、合理数量，以及个人邮递物品限值原则验放。超出自用、合理数量的，海关将要求按一般货物办理进口手续或予以退运。旅客如需复带出境的，按暂时入境文物复出境规定办理。

**小贴士**　（1）邮寄文物，收件人必须是个人。如果不是个人，则需要按照一般货物办理进口手续或予以退运。

（2）旅客以分离运输方式运文物进境时，其入境时填写与分运行李并经海关盖章确认的申报单上的旅客姓名、旅客护照姓名、分运行李提单上的提货人姓名必须一致，才能将文物按其个人物品办理相关手续。

（2）对出境文物的要求。

①旅客携带、托运个人邮寄文物（含已故现代著名书画家的作品）出境，必须向海关申报。

对旧存文物，海关一律凭国家文物局进出境审核管理处开具的文物出境许可证和文物出境火漆标志验放。

②携运、邮寄文物出境，已向海关申报，但不能交验国家文物局进出境审核管理处开具的文物出境许可证和文物出境火漆标志，不准出境，应予以退运，限3个月内（来往中国港、澳地区的旅客限1个月内）由当事人或其代理人领回；过期不领，海关按有关规定处理。

**海关提醒** 如果携运、邮寄文物出境，不向海关申报，不论是否藏匿，均属走私行为，海关将依法处罚。

③旅客携带出境一般现代书画作品，在自用、合理数量范围以内；邮寄的在规定的限值内，海关准予出境。已故现代著名书画家的作品，除经国家文物局进出境审核管理处鉴定准予出境的外，不准携运出境。

④新中国成立以来制作的文物仿制品和复制品，不属文物范围。除国家另有规定者，在自用、合理数量范围以内的准予带出。对于文物复仿制品，海关可以凭文物复仿制品证明和文物复仿制品出境标志放行。

（3）对暂时入境又复出境文物的要求。

①携带、运输、邮寄暂时进境文物，应在进境时向海关书面申报，并报明有关文物需要复运出境。进境地海关将有关文物加封后，交由当事人送往国家文物局指定的国家文物局进出境审核管理处办理复出境手续。

②国家文物局进出境审核管理处在验核海关封志完好无损后，标明文物临时进境火漆标志，并同时开具文物出境许可证。暂时进境文物复运出

境时，海关凭文物出境火漆标志和许可证放行。

**海关提醒** （1）进境时未申报、海关封志出现破损或进境后未办理复出境鉴定手续的文物，按文物出境规定办理出境手续。

（2）对不属于文物范畴的唐卡，海关按照宗教用品进行监管。对个人以自用为目的，进出境时携带（3～20幅一套）的唐卡，海关经审核予以放行；对超出自用、合理数量的，应凭省级宗教事务部门出具的批件办理通关手续。

**案例** 王先生是中国香港人，在云南旅游时收集购买了一小行李箱古旧款式门、窗框的木雕件，全部为残次小件，但雕花精美，向海关申报。海关查验后送当地文物鉴定部门鉴定，数日后鉴定为旧品，但不列入文物。海关放行。

**小贴士** 简单来说，不管是带文物出境还是复带出境，负责鉴定是否为文物的都是有资质的14个国家文物局进出境审核管理处。所以，如果先向这些管理处咨询一下，办理进出境手续时就会顺利些。这14个被国家文物局授予审核进出境文物资质的国家文物进出境审核管理处分别是北京、天津、河北、上海、江苏、浙江、安徽、福建、山东、河南、湖北、广东、云南和陕西。

### （七）无线电通信器材、卫星电视接收设备

#### 1. 对无线电通信器材进出境的要求

无线电收发信机及其器材，包括无线电话机、无线电通信和遥控设备等。

旅客携运以上器材进出境都要事前报经省（自治区、直辖市）无线电管理委员会批准。入境时，必须向海关申报并交验批准文件，海关凭批准文件办理验放手续。

**案例** 内地居民小李在入境时向海关申报在境外购买1部野外高频无线对讲机入境，是个人旅游时使用。但由于没有入境地省级无线电管理委员会的批准文件，海关需要将对讲机暂扣。最终，对讲机是被退运或放行，视小李能否提交批准文件而定。

**2. 对卫星电视接收设备进出境的要求**

卫星电视接收设备，包括天线、高频头、接收机、编码器、解码器、解压及接收一体化装置，统称卫星电视解码器。

我国禁止任何个人携带、邮寄入境。对旅客携运上述设备进境并向海关申报的，海关一律不予以放行，限期内由物品所有人退运出境，超过期限则由海关依法处理；如果旅客携运上述设备进境但未向海关申报的，海关按《海关行政处罚实施条例》的有关规定处理。

### （八）动植物及其产品和其他检疫物

**1. 国家禁止下列物品进境**

（1）动植物病原体（包括菌种、毒种等）、害虫及其他有害生物；

（2）动植物疫情流行的国家和地区的有关动植物、动植物产品和其他检疫物；

（3）动物尸体；

（4）土壤。

**2. 应受检疫的动植物、动植物产品和其他检疫物的范围**

（1）动物：家畜、家禽、野生动物、蜜蜂、鱼、蚕等饲养、野生的活动物。

（2）动物产品：生的皮张、毛类、肉类、脏器、油脂、血液、蛋类、精液、骨蹄、角等来源于动物未经加工或者虽经加工但仍有可能传播疫病的产品。

（3）植物：栽培植物、野生植物及其种子、苗木、繁殖材料等。

（4）植物产品：粮食、豆类、棉花、油类、麻类、烟草、籽仁、干果、鲜果、蔬菜、生药材、原木、饲料等来源于植物未经加工或者虽经加工但仍有可能传播病虫害的产品。

（5）其他检疫物是指动物疫苗、血清、诊断液、动植物性废弃物等。

**3. 动植物、动植物产品和其他检疫物进出境的管理规定**

（1）携带动植物、动植物产品和其他检疫物进境的，进境时必须向海关申报并接受口岸动植物检疫机关检疫；邮寄进境的，由检疫机关在邮局实施检疫，检疫合格的，加盖检疫放行章，交邮局运递。

（2）携带、邮寄进境的动植物、动植物产品和其他检疫物，经检疫不合格又无有效方法作除害处理的，作退回或者销毁处理，并签发检疫处理通知单交携带人、寄件人。

（3）禁止携带、邮寄进出境动植物检疫法规定名录所列的动植物、动植物产品和其他检疫物进境。由检疫机关对名录所列的物品作退回或者销毁处理。

（4）携带动物进境的，必须持有输出国家或者地区的检疫证书等证件。

**案例** 王先生从国外回国内居住，入境通关时向海关申报其带回了一只宠物狗，海关关员将其移交给口岸动植物检疫机关进行处理，口岸动植物检疫机关验明输出国（或地区）官方出具的检疫证书和狂犬病免疫证后，对小狗作出隔离检疫等跟进处理。

**海关提醒** 旅客携带伴侣犬、猫进境，每人限1只；而且必须备有输出国（或地区）官方出具的检疫证书和狂犬病免疫证。

（5）携带、邮寄出境的动植物、动植物产品和其他检疫物，物主有检疫要求的，由口岸动植物检疫机关实施检疫。

**小贴士** 简单而言，国家质检总局下属的各出入境检验检疫部门是一般动植物及其产品和其他检疫物的主管部门，也是在各进出境口岸的联检部门之一，个人携带、邮寄动植物及其产品进境，海关一般交其处理。要想带上述物品进出境，最好先详细咨询该部门。

### （九）濒危动植物及其产品

出口国家重点保护野生动植物或者其产品的，中国参加的进出口国际公约所限制进出口的野生动植物或者其产品的，必须经国务院野生动植物行政主管部门或者国务院批准，并取得国家濒危物种进出口管理机构核发的允许进出口证明书。海关凭允许进出口证明书查验放行。

涉及科学技术保密的野生动植物物种的出口，按照国务院有关规定办理。

没有取得允许进出口证明书或者物证不符的，海关将不予以放行，并依法处理。

**案例** 小张从非洲旅游回国，选择“无申报通道”入境时，被在通道上选查的关员截停，要求行李过 X 光机检查。进一步开箱查验后，关员发现行李箱内有一个象牙制笔筒。鉴于小张无法提供国家濒危物种进出口管理机构核发的允许进口证明书，而且没有申报，缉私警察根据《海关行政处罚实施条例》的有关规定，对小张作出了没收、罚款等处罚。

**小贴士** 中国加入了《濒危野生动植物种国际贸易公约》，该公约受保护的物种包括老虎、犀牛、大象、兰花等达 3 万余种的物种。如果想携带、邮寄野生动植物或其衍生物进出境，最好先上互联网或咨询国家濒危物种进出口管理办公室或其设在各地的办事处，弄清楚是否可以取得允许进出口证明书，再决定是否携带、邮寄。

### （十）中药材及中成药

（1）旅客携带中药材、中成药出境，海关按以下限值验放：前往国外的，总价值限人民币 300 元；前往中国港、澳地区的，总价值限人民币 150 元。

（2）个人邮寄中药材、中成药出境，海关按以下限值验放：寄往国外的，总价值限人民币200元；寄往中国港、澳地区的，总价限人民币100元。

**案例** 小王想邮寄华佗虎骨膏药给香港的亲友，由于配方中含有虎骨，海关不准其邮寄出境。

**分析：**中药材中含有天然麝香、虎骨、羚羊角、犀牛角等濒危动植物制品，以及超出规定限值的中药材、中成药，不准携带或邮寄出境。

### （十一）遗体、棺柩、骸骨、骨灰及遗物

#### 1. 遗体、棺柩、骸骨及骨灰

个人携带遗体、骸骨或骨灰进出境，应向海关如实申报。申请运出境外或运回中国境内安葬的，海关验凭出入境检验检疫机构签发的尸体/棺柩/骸骨/骨灰进出境许可证放行。

**案例** 齐先生拟携带香港亲友的骨灰回广东省安葬，事先向广东省民政局了解了有关规定，办理了“入粤安葬证”，又向出入境检验检疫局领取了骨灰进境许可证。通关时，向海关申报并交验了骨灰进境许可证，最终非常顺利地将骨灰带回了广东省安葬。

**小贴士** 如果要运回境内安葬，应先向国内民政部门及出入境检验检疫机构了解相关规定，办理相关证件。如果是遗体，还须向民政部门了解遗体运输的有关规定。

#### 2. 进境遗物

（1）从国外或中国香港、澳门地区进口的遗物，应由物主在国内的继承人向海关申请交验物主的死亡证明书原件和国内公证机关出具的继承权公证书，经海关核准后，方可一次进口。申请时限以物主死亡后1年为期，

逾期不予以受理。

（2）进口遗物属日常生活用品，在合理数量范围内，准予免税进口；属耐用消费品（不包括汽车、录像机），由国外进口的，准予免税放行4件；由中国香港、澳门地区进口的，准予免税放行2件。

（3）不属于物主生前使用过的物品，以及超出上述范围的遗物，予以退运。

**（十二）人类遗传资源**

人类遗传资源系指含有人体基因组、基因及其产物的器官、组织、细胞、血液、制备物、重组脱氧核糖核酸（DNA）构建体等遗传材料及相关的信息资料。

以携带、邮寄或快递、货运等方式运输人类遗传资源出口、出境时，应如实向海关申报，海关凭中国人类遗传资源管理办公室核发的人类遗传资源材料出口、出境证明办理验放手续。未经批准，私自携带、邮寄、运输人类遗传资源材料出口、出境的，由海关没收其携带、邮寄、运输的人类遗传资源材料，视情节轻重，给予行政处罚直至移送司法机关处理；未经批准擅自向外方机构或者个人提供人类遗传资源材料的，没收所提供的人类遗传资源材料并处以罚款；情节严重的，给予行政处罚直至追究法律责任。

**小贴士** 携带、邮寄或快递精子、卵子等进出境，也是需要中国人类遗传资源管理办公室核发的人类遗传资源材料出口、出境证明的。

**（十三）血液及其制品**

禁止进口的血液及其制品，主要品种有血浆、VIII因子制剂、纤维蛋白原、具有传播AIDS病危险的制品如浓缩血小板等。人体血液（包括全血、血浆等）进出口，由卫生部统一归口管理。

旅客携带和个人邮寄、快递人体血液和血液制品进出境，海关严格凭卫生部的批准文件或证书办理验放手续。旅客携带或个人邮寄、快递人体血液及其制品进出境，不能提供批准文件或证书的，海关将扣留有关人体血液及其制品，并及时移交或通知口岸卫生检疫机关处理。凡经口岸检疫机关检疫允许进出境的，海关凭其出具的证明放行。

**案例** 小赵是内地某医疗机构的医生，香港某机构急需内地一脐带血，小赵单位取得卫生部批文后，委派小赵携带冷冻保护的脐带血出境。小赵通关时主动向海关申报，并交验了批文，非常顺利地通过了海关。

**（十四）兴奋剂**

兴奋剂是指兴奋剂目录所列的禁用物质等。兴奋剂目录由国务院体育主管部门会同国务院食品药品监督管理部门、国务院卫生主管部门、国务院商务主管部门和海关总署制定、调整并公布。

除了经批准获得治疗用药豁免的以外，严禁运动员、教练员携带兴奋剂进入中国国境。

个人因医疗需要携带或邮寄进出境自用合理数量范围内的兴奋剂，海关按照卫生主管部门有关处方的管理规定，凭医疗机构处方予以验放。

**案例** 小李是体育运动员，请美国亲友邮寄了两支睾丸素的针剂入境，被海关查获，没收有关针剂，并知照有关单位进一步调查处理。

# 第六章　国家特殊免税及退税政策

国家首先在海南岛实行了特定区域旅客免税购物政策，以及特定外籍旅客在特定区域购物离境退税政策，并且在未来可能会扩大实行特殊政策的特定区域范围。下面就两种政策的具体实施要素进行介绍。

## 第一节　海南岛离岛旅客免税购物

“我特别想买免税品，却办不了出国证件，或者办出国前的手续好麻烦，怎么办?”不用纠结了，从2011年4月20日起，海南岛离岛旅客免税购物政策正式实行。

### 一、满足条件

（1）年满18周岁；

（2）乘坐飞机离开海南本岛但不离境；

（3）岛内居民在本公历年度内从未免税购物，非岛内居民在本公历年度内免税购物未满2次；

（4）在海南省离岛免税商店内付款选购免税品；

**小贴士**　为使您更便捷顺利地购买免税品，请提前准备好本人有效身份证件、详细的离岛航班信息以及此前已购免税品信息等，并主动出示给免税店。

(5) 每次免税购物金额累计限人民币5 000元（含5 000元），单一品种数量不能超出限量（详见“离岛旅客每人每次购买单一品种数量范围表”）；

(6) 从海南省机场国内隔离区内提取并乘机一次性全部携运离岛；

**小贴士** (1) 您进入机场隔离区后，可以看到有免税店设立的提货点，出示您本人的有效身份证件、提货单据和登机牌，等工作人员核对您购买时录入的信息无误后，即可提取相应免税品。

(2) 您提取了免税品，却因航班延误、取消等原因需要离开隔离区，您只需将免税品交由免税商店（包括提货点）代为保管，就可以离开隔离区，待您实际乘机离岛时再次进入隔离区后提取即可。

**海关提醒** 离岛旅客有下列情形之一的，在3年内不得享受离岛免税购物政策：

(1) 未按照规定将免税品携运离岛的；

(2) 提供虚假身份证件或者离岛航班等信息的；

(3) 违反其他规定的。

如果构成走私行为或者违反海关监管规定行为的，由海关依照《海关法》和《海关行政处罚实施条例》的有关规定予以处理；构成犯罪的，依法追究刑事责任。

(7) 离岛旅客每人每次还可以购买1件单价在人民币5 000元以上的免税品，但必须全额缴纳该物品的进口关税。

**小贴士** 在免税商店中即可办理税款缴纳手续。海关以依法确定的完税价格、税率计征税款。

## 二、海关监管要求及重点

通过核对免税商店录入的信息与您乘坐飞机的信息，确定：

（1）您是否满足购买免税品的条件。

海关对境内人员以居民身份证签发机关为依据认定岛内居民、非岛内居民身份，一般情况下是居民身份证；对境外人员则以其所持进出境有效证件认定身份。

（2）您是否在限次、限额内购买了免税品。

旅客购买免税品后，乘机携运离岛记为 1 次免税购物。

（3）您购买的免税品是否全部乘机带离了本岛。

（4）需要征收的关税是否已经征收。

**海关提醒** 为加强对免税品在旅客提货后离岛前的监管，海关要求免税店销售免税品前给每件免税品贴上高频电子标签，并在美兰机场隔离区主要通道安装检测设备。一旦旅客或其他人员试图经过这些通道违规将免税品带出隔离区，检测设备将发出报警，可有效防止免税品回流。

**案例** 小王在海口美兰机场离岛免税店购买了一块西铁城牌手表，在乘飞机离岛前将手表交给其朋友欲携带出隔离区，被海关现场检查人员查获。依据海关总署有关规定，海口海关已在监管信息管理系统内录入了该旅客的违规信息，限制其本人在3年内不得享受离岛免税购物政策；同时，海关还将此情况向其朋友所在的工作单位予以了通报。

**离岛旅客每人每次购买单一品种数量范围表**

| 免税品品种名称 | 数量范围（件） |
|---|---|
| 首饰 | 2 |
| 工艺品 | 2 |
| 手表 | 2 |

续表

| 免税品品种名称 | 数量范围（件） |
|---|---|
| 香水 | 2 |
| 化妆品 | 5 |
| 笔 | 5 |
| 眼镜（含太阳镜） | 2 |
| 丝巾 | 2 |
| 领带 | 2 |
| 毛织品 | 2 |
| 棉织品 | 2 |
| 服装服饰 | 5 |
| 鞋帽 | 2 |
| 皮带 | 2 |
| 箱包 | 2 |
| 小皮件 | 4 |
| 糖果 | 5 |
| 体育用品 | 2 |

注：1 件免税品是指具有单一、完整包装及独立标价的免税品，但套装免税品按包装内所含免税品的实际件数计算。

## 第二节　海南岛购物离境退税

### 一、满足条件

从 2011 年 1 月 1 日起，如果您是满足以下条件的境外旅客，在海南省退税定点商店购物后，可在机场出境时申请离境退税：

（1）在我国境内连续居住不超过 183 天的外国人和中国港澳台同胞；

（2）同一日在同一退税定点商店购买退税物品金额达到人民币 800 元，并且按规定取得境外旅客购物离境退税申请单者；

（3）离境日距退税物品购买日不超过90天者。

符合退税条件的境外旅客出境时，应当主动向海关申报，并提交境外旅客购物离境退税申请单、本人有效身份证件和退税物品。境外旅客办理退税手续后，应当立即将退税物品全部携运出境，并在实际离境前接受海关监管。

## 二、海关不予以办理离境退税的情况

有下列情形之一的，海关不予以办理境外旅客购物离境退税签章手续：

（1）境外旅客购物离境退税申请单所列物品与交验物品不相符的；

（2）单证不相符的；

（3）超出自用、合理数量范围的；

（4）不符合海关总署2010年第82号公告第一条规定条件的；

（5）其他不符合离境退税规定的。

**海关提醒** 可退税物品不包括食品、饮料、水果、烟、酒、汽车、摩托车等。旅客所购退税物品属于中华人民共和国禁止出境物品范围内的，不得携运出境；境外旅客所购退税物品依照国家有关规定应当提交出境许可证件（证明）的，应当向海关提交相关证件（证明）。

# 附　录

## 附件一　中华人民共和国进境物品归类表

（中华人民共和国海关总署 2012 年 3 月修订）

| 税　号 | 物品类别 | 范　　围 | 税率 |
|---|---|---|---|
| 01000000 | 食品、饮料 | 食品：包括水产品、乳制品、糖制品、调味品，燕窝、冬虫夏草、高丽参、红参、西洋参、人参、鹿茸、阿胶、奶粉及其他保健品、补品等；<br>饮料：包括茶叶、咖啡等其他非酒精类饮料。 | 10% |
| 02000000 | 酒 | 包括啤酒、葡萄酒（香槟酒）、黄酒、果酒、清酒、米酒、白兰地、威士忌、伏特加、朗姆酒、金酒、白酒、药酒、保健酒、鸡尾酒、利口酒、龙舌兰、柯迪尔酒、梅子酒等用粮食、水果等含淀粉或糖的物质发酵或配制而成的含乙醇的酒精饮料。 | 50% |
| 03000000 | 烟草 | 包括卷烟、雪茄烟、烟丝、烟叶、碎烟、烟梗、烟末等。 | 50% |
| 04000000 | 纺织原材料及其制成品 | 衣着：包括外衣、外裤、内衣裤、衬衫、T 恤衫、其他衣着等；<br>配饰：包括帽子、丝巾、头巾、围巾、领带、腰带、手套、袜子、手帕等；<br>家纺用品：包括毛毯、被子、枕头、床罩、睡袋、幔帐等；<br>其他：包括毛巾、浴巾、桌布、窗帘、地毯等。 | 20% |
| 05000000 | 皮革服装及配饰 | 包括各式皮革服装及皮质配饰。 | 10% |

续表

| 税　号 | 物品类别 | 范　　　围 | 税率 |
|---|---|---|---|
| 06000000 | 箱包及鞋靴 | 箱：包括各种材质的箱子；<br>挎包、背包、提包：包括各种材质的挎包、背包、提包；<br>钱包、钥匙包：包括各种材质的钱包、钥匙包、卡片包；<br>其他：包括化妆包、包装袋（盒、箱）等。 | 10% |
| | | 鞋靴：包括皮鞋、皮靴、运动鞋、其他鞋靴等。 | |
| 07000000 | 表、钟及其配件、附件 | 高档手表：完税价格在人民币10 000元及以上的手表。 | 30% |
| | | 表：包括高档手表外的其他各种表；<br>钟：包括座钟、挂钟、台钟、落地钟等；<br>配件附件：包括各种表、钟的配件、附件。 | 20% |
| 08000000 | 金、银、珠宝及其制品、艺术品、收藏品 | 包括金、银、珠宝及其制品，艺术品、收藏品。 | 10% |
| 09000000 | 化妆品 | 芳香类化妆品：包括各种香水、香体棒、止汗露、走珠香露等；<br>清洁/护理类化妆品：洗面奶（乳、皂）、洁面霜（露、蜜、粉、啫喱）、卸妆水（乳、膏、液、油）、鼻贴膜、去黑头膏（液）、剃须膏（泡沫）、洗甲液，面霜、眼霜、日霜、晚霜、冷霜、防晒霜、祛斑霜、护肤膏（霜、露、乳液、喷雾）、磨砂膏、按摩膏、精油、化妆水（含爽肤水、柔肤水、紧肤水、护肤水、收缩水）、须后水、隔离霜、面膜、面膜膏（粉）、眼膜、颈膜、护手霜、护甲水（霜、油）、指甲硬化剂、润唇膏、去角质膏（粉）、发乳、发油、发蜡、焗油膏、花露水、痱子粉、爽身粉等； | 50% |

续表

| 税　号 | 物品类别 | 范　　围 | 税率 |
|---|---|---|---|
| 09000000 | 化妆品 | 美容/修饰类化妆品：包括粉底、粉饼、胭脂、眼影、眼线笔（液）、眉笔、睫毛膏（液）、唇膏、唇彩、唇线笔、指甲油、发胶、发泥、定型水（啫喱、摩丝）等；<br>特殊功能类化妆品：丰（美、健）乳霜、纤体霜（膏）、健美霜、紧致霜、除臭露（剂）等。 | 50% |
| 10000000 | 家用医疗、保健及美容器材 | 医疗器材：包括呼吸器具、矫形器具、夹板及其他骨折用具，血糖计、血糖试纸、电动洗眼器、红外线耳探热针、空气制氧机、治疗用雾化机、电动血压计、病人用拐杖、病人用轮椅等及上述物品的配件、附件；<br>保健器材：包括按摩床、按摩椅等及上述物品的配件、附件；<br>美容器材：包括蒸汽仪、喷雾器、化妆/美容专用工具等及上述物品的配件、附件。 | 10% |
| 11000000 | 厨卫用具及小家电 | 厨房用具：包括各种材料制的餐具、刀具、炊具、灶具，锅、壶、盘、碗、筷子、勺、铲、餐刀、餐叉、切菜刀、案板、削皮刀、手动绞肉机、手动食品研磨机、搅拌器、净水器、煤气灶、煤气点火器等；<br>卫生用具、洁具：包括水龙头、淋浴用具等；<br>其他家庭用具：包括电话机、传真机、游戏机、手动缝纫机或编织机等及上述物品的配件、附件。 | 10% |
| | | 电器类厨房用具：包括电饭煲、微波炉、电磁炉、抽油烟机、消毒碗柜、家用洗碗机、电烤箱、面包机、电炉灶、豆浆机、酸奶机、电动榨汁机、咖啡机、制冰机、饮水机、食品调理机、电动食品研磨机、煮蛋器等电器用具。 | 20% |

续表

| 税 号 | 物品类别 | 范 围 | 税 率 |
| --- | --- | --- | --- |
| 11000000 | 厨卫用具及小家电 | 电器类卫生用具、洁具：包括电热水器等电器用具；其他小家电：包括灯具、电动缝纫机或编织机、电动剪草机、便携式复印机、电风扇、电烫斗、电吹风机、电动剃须刀、电动毛发推剪器、地板打蜡机、增湿机、除湿机、增除湿一体机、电暖器、电热毯、空气清新机、家用吸尘器、家用地毯洗涤机等电器及上述物品的配件、附件等。 | 20% |
| 12000000 | 家具 | 包括各种材料制的沙发、组合式家具、柜、橱、台、桌、椅、书架、床、床垫、坐垫等。 | 10% |
| 13000000 | 空调及其配件、附件 | 包括空气调节器及其配件、附件等。 | 20% |
| 14000000 | 电冰箱及其配件、附件 | 包括各式电冰箱、冰柜、红酒柜及其配件、附件等。 | 20% |
| 15000000 | 洗衣设备及其配件、附件 | 包括波轮式洗衣机、滚筒式洗衣机、干衣机/烘干机等及上述物品的配件、附件。 | 20% |
| 16000000 | 电视机及其配件、附件 | 包括各式电视机、电视收音联合机、电视收音录音联合机、电视录像联合机等及上述物品的配件、附件。 | 20% |
| 17000000 | 摄影（像）设备及其配件、附件 | 包括照相机、摄像机、照相制版机、放大机、数码相框、存储卡、胶卷、胶片、感光纸、镜箱、闪光灯、滤色镜、测光表、曝光表、遮光罩、水下摄影罩、半身镜、接镜环、取景器、自拍器、洗像盒、显影罐等。 | 10% |
|  |  | 电视摄像机。 | 20% |
| 18000000 | 影音设备及其配件、附件 | 包括录音笔、录音机、收音机、MP3 播放机、MP4 播放机、收录音机、数码录放音器、电唱机、激光电唱机、放像机、录像机、激光视盘机、（单）功能座、音箱、自动伴唱机、卡拉 OK 混音器等及上述物品的配件、附件。 | 20% |

续表

| 税　号 | 物品类别 | 范　　围 | 税 率 |
| --- | --- | --- | --- |
| 19000000 | 计算机及其外围设备 | 包括个人计算机及其存储、输入、输出设备和附件、零部件。 | 10% |
| 20000000 | 书报、刊物及其他各类印刷品 | 包括书报、刊物及其他各类印刷品。 | 10% |
| 21000000 | 教育专用的电影片、幻灯片、原版录音带、录像带 | 包括教育专用的电影片、幻灯片、原版录音带、录像带、地球仪、解剖模型、人体骨骼模型、教育用示意牌等。 | 10% |
| 22000000 | 文具用品及玩具 | 包括各种书写用具及材料、照相簿、集邮簿、印刷日历、月历、放大镜、望远镜、眼镜、绘图用具、绘图用颜料、装订用具、削铅笔器、算盘、电子计算器、电子字典/记事簿、电子（纸）书、誊写钢板等各种文具用品及玩具。 | 10% |
| 23000000 | 邮票 | 包括中国大陆及境外各种邮票、小型张、纪念封等。 | 10% |
| 24000000 | 乐器 | 包括各种键盘类、弓弦类、拨弦类、打击类、管乐类等乐器及节拍器、音叉、定音器等器具及上述乐器的配件、附件。 | 10% |
| 25000000 | 体育用品 | 高尔夫球及球具：包括高尔夫球杆、高尔夫球、高尔夫球包、高尔夫球手套、高尔夫球鞋。 | 30% |
| | | 除高尔夫球以外各种球类，各种棋类、健身器具、航空和航海模型、钓具等。一般体育活动、体操、竞技、游泳、滑冰、滑雪及其他户内外活动用具、鞋及其配件、附件。 | 10% |
| 26000000 | 自行车、三轮车、童车及其配件、附件 | 包括不带发动机、电动机的自行车、三轮车、童车等及上述物品的配件、附件。 | 20% |
| 27000000 | 其他物品 | 其他不能归入上述类别的物品。 | 10% |

# 附件二　中华人民共和国进境物品完税价格表

（中华人民共和国海关总署2012年3月修订）

| 税号 | 品名及规格 | 单位 | 完税价格（人民币：元） | 税率 |
|---|---|---|---|---|
| 01000000 | 食品、饮料 | | | |
| 1010000 | –食品 | | | |
| 01010100 | – –水产品 | | | |
| 01010110 | – – –干鱼翅 | 千克 | 3 000 | 10% |
| 01010120 | – – –干鲍鱼 | 千克 | 5 000 | 10% |
| 01010130 | – – –干海参 | 千克 | 1 500 | 10% |
| 01010140 | – – –干瑶柱 | 千克 | 700 | 10% |
| 01010150 | – – –干海参、干海马 | 千克 | 1 500 | 10% |
| 01010160 | – – –鱼肚（花胶） | 千克 | 1 500 | 10% |
| 01010190 | – – –其他水产品 | 千克 | 另行确定 | 10% |
| 01010200 | – –燕窝 | | | |
| 01010210 | – – –燕盏 | 千克 | 30 000 | 10% |
| 01010220 | – – –燕饼（燕丝、燕条） | 千克 | 15 000 | 10% |
| 01010230 | – – –燕碎 | 千克 | 5 000 | 10% |
| 01010290 | – – –其他燕窝制品 | 千克 | 另行确定 | 10% |
| 01010300 | – –冬虫夏草 | 千克 | 100 000 | 10% |
| 01010400 | – –参 | 千克 | 1 500 | 10% |

续表

| 税号 | 品名及规格 | 单位 | 完税价格（人民币：元） | 税率 |
|---|---|---|---|---|
| 01010500 | －－鹿茸 | 千克 | 2 000 | 10% |
| 01010600 | －－阿胶 | 千克 | 250 | 10% |
| 01010700 | －－奶粉 | 千克 | 200 | 10% |
| 01010800 | －－调味品 | 千克 | 200 | 10% |
| 01019900 | －－其他食品 | 千克 | 另行确定 | 10% |
| 01020000 | －饮料 | | | |
| 01020100 | －－茶叶 | 千克 | 200 | 10% |
| 01020200 | －－咖啡 | 千克 | 200 | 10% |
| 01029900 | －－其他饮料 | 千克 | 另行确定 | 10% |
| 02000000 | 酒 | | | |
| 02010000 | －啤酒 | | | |
| 02010100 | －－12 度以下（不含 12 度） | 瓶（不超过 750 毫升） | 5 | 50% |
| 02010200 | －－12～22 度（不含 22 度） | 瓶（不超过 750 毫升） | 10 | 50% |
| 02020000 | －葡萄酒 | | | |
| 02020100 | －－12 度以下（不含 12 度） | 瓶（不超过 750 毫升） | 100 | 50% |
| 02020200 | －－12～22 度（不含 22 度） | 瓶（不超过 750 毫升） | 200 | 50% |
| 02030000 | －清酒 | | | |

续表

| 税号 | 品名及规格 | 单位 | 完税价格（人民币：元） | 税率 |
| --- | --- | --- | --- | --- |
| 02030100 | －－12 度以下（不含 12 度） | 瓶（不超过 750 毫升） | 30 | 50% |
| 02030200 | －－12～22 度（不含 22 度） | 瓶（不超过 750 毫升） | 50 | 50% |
| 02030300 | －－22 度及以上 | 瓶（不超过 750 毫升） | 80 | 50% |
| 02040000 | －白兰地 | 瓶（不超过 750 毫升） | 500 | 50% |
| 02050000 | －威士忌 | 瓶（不超过 750 毫升） | 300 | 50% |
| 02060000 | －伏特加 | 瓶（不超过 750 毫升） | 100 | 50% |
| 02070000 | －白酒 | 瓶（不超过 750 毫升） | 300 | 50% |
| 02080000 | －药酒 | 瓶（不超过 750 毫升） | 200 | 50% |
| 02990000 | －其他酒 | 瓶（不超过 750 毫升） | 另行确定 | 50% |

续表

| 税号 | 品名及规格 | 单位 | 完税价格（人民币：元） | 税率 |
|---|---|---|---|---|
| 03000000 | 烟草 | | | |
| 03010000 | －卷烟 | 支 | 0.5 | 50% |
| 03020000 | －雪茄烟 | 支 | 10 | 50% |
| 03030000 | －烟丝 | 克 | 0.5 | 50% |
| 03990000 | －其他烟 | 克、支 | 另行确定 | 50% |
| 04000000 | 纺织品及其制成品 | | | |
| 04010000 | －衣着 | | | |
| 04010100 | －－外衣 | 件 | 300 | 20% |
| 04010200 | －－外裤 | 条 | 200 | 20% |
| 04010300 | －－内衣裤 | 条/件 | 100 | 20% |
| 04010400 | －－衬衫/T恤衫 | 件 | 200 | 20% |
| 04019900 | －－其他衣着 | 件 | 另行确定 | 20% |
| 04020000 | －配饰 | | | |
| 04020100 | －－帽子 | 件 | 100 | 20% |
| 04020200 | －－丝巾、头巾、围巾 | 条 | 100 | 20% |
| 04020300 | －－领带 | 条 | 100 | 20% |
| 04020400 | －－腰带 | 条 | 100 | 20% |
| 04020500 | －－手套 | 双 | 100 | 20% |
| 04029900 | －－其他配饰 | 件 | 另行确定 | 20% |
| 04030000 | －家纺用品 | | | |
| 04030100 | －－毛毯、被子、床罩、睡袋 | 床、件 | 400 | 20% |
| 04030200 | －－枕头、床单、毛巾被、被套 | 条、件 | 100 | 20% |
| 04030300 | －－地毯 | 平方米 | 200 | 20% |
| 04030400 | －－窗帘 | 千克 | 100 | 20% |
| 04039900 | －－其他家纺用品 | 件 | 另行确定 | 20% |
| 04990000 | －其他纺织品及其制成品 | 件 | 另行确定 | 20% |

续表

| 税号 | 品名及规格 | 单位 | 完税价格（人民币：元） | 税率 |
| --- | --- | --- | --- | --- |
| 05000000 | 皮革服装及配饰 | | | |
| 05010000 | －皮革服装 | | | |
| 05010100 | －－裘皮衣 | 件 | 另行确定 | 10% |
| 05010200 | －－皮大衣 | 件 | 2 000 | 10% |
| 05010300 | －－皮上衣 | 件 | 1 500 | 10% |
| 05010400 | －－皮背心 | 件 | 1 000 | 10% |
| 05010500 | －－皮裤 | 件 | 1 000 | 10% |
| 05010600 | －－皮裙 | 件 | 1 000 | 10% |
| 05019900 | －－其他皮革服装 | 件 | 另行确定 | 10% |
| 05020000 | －皮革配饰 | | | |
| 05020100 | －－皮帽 | 件 | 200 | 10% |
| 05020200 | －－皮带 | 条 | 100 | 10% |
| 05020300 | －－皮手套 | 双 | 100 | 10% |
| 05029900 | －－其他皮革配饰 | 件 | 另行确定 | 10% |
| 05990000 | －其他皮革制品（箱包和鞋靴除外） | 件 | 另行确定 | 10% |
| 06000000 | 箱包和鞋靴 | | | |
| 06010000 | －箱包 | | | |
| 06010100 | －－箱 | 个 | 500 | 10% |
| 06010200 | －－挎包、背包、提包 | 个 | 200 | 10% |
| 06010300 | －－钱包、钥匙包 | 个 | 100 | 10% |
| 06019900 | －－其他箱包 | 个 | 另行确定 | 10% |
| 06020000 | －鞋靴 | | | |
| 06020100 | －－皮鞋 | 双 | 300 | 10% |
| 06020200 | －－皮靴 | 双 | 400 | 10% |
| 06020300 | －－运动鞋 | 双 | 200 | 10% |
| 06029900 | －－其他鞋靴 | 双 | 另行确定 | 10% |

续表

| 税号 | 品名及规格 | 单位 | 完税价格（人民币：元） | 税率 |
|---|---|---|---|---|
| 07000000 | 表、钟及其配件、附件 | | | |
| 07010000 | －表 | | | |
| 07010100 | －－高档手表（审定价格在人民币10 000元及以上） | 块 | 另行确定 | 30% |
| 07010200 | －－其他表 | | | |
| 07010210 | －－－石英表（电子表） | 块 | 200 | 20% |
| 07010220 | －－－机械表 | 块 | 500 | 20% |
| 07010290 | －－－其他表 | 块 | 另行确定 | 20% |
| 07020000 | －钟 | | | |
| 07020100 | －－座钟、挂钟、台钟 | 个、台 | 200 | 20% |
| 07020200 | －－落地钟 | 台 | 600 | 20% |
| 07029900 | －－其他钟 | 台 | 另行确定 | 20% |
| 07030000 | －钟表配件、附件 | 件 | 另行确定 | 20% |
| 08000000 | 金、银、珠宝及其制品、艺术品、收藏品 | | | |
| 08010000 | －金、银及其制品 | 件 | 另行确定 | 10% |
| 08020000 | －珠、宝及其制品 | 件 | 另行确定 | 10% |
| 08030000 | －艺术品、收藏品 | 件 | 另行确定 | 10% |
| 09000000 | 化妆品 | | | |
| 09010000 | －芳香类化妆品 | | | |
| 09010100 | －－香水 | 瓶 | 300 | 50% |
| 09019900 | －－其他芳香类化妆品 | 件 | 另行确定 | 50% |
| 09020000 | －清洁/护理类化妆品 | | | |
| 09020100 | －－洗面奶/洁面霜 | 支、瓶 | 100 | 50% |
| 09020200 | －－眼霜 | 支、瓶 | 200 | 50% |
| 09020300 | －－面霜及乳液 | 支、瓶 | 200 | 50% |

续表

| 税号 | 品名及规格 | 单位 | 完税价格（人民币：元） | 税率 |
|---|---|---|---|---|
| 09020400 | －－精华液/素 | 支、瓶 | 300 | 50% |
| 09020500 | －－润唇膏 | 支 | 20 | 50% |
| 09020600 | －－面膜 | 张、瓶 | 20 | 50% |
| 09020700 | －－爽肤水 | 支、瓶 | 150 | 50% |
| 09020800 | －－护手霜 | 支、瓶 | 50 | 50% |
| 09020900 | －－防晒霜（露、乳液） | 支 | 150 | 50% |
| 09029900 | －－其他清洁、护理类化妆品 | 支 | 另行确定 | 50% |
| 09030000 | －美容/修饰类化妆品 | | | |
| 09030100 | －－粉底及粉底液 | 盒、支 | 200 | 50% |
| 09030200 | －－睫毛液（膏） | 支、瓶 | 100 | 50% |
| 09030300 | －－指甲油 | 瓶 | 20 | 50% |
| 09030400 | －－唇膏 | 支 | 150 | 50% |
| 09039900 | －－其他美容/修饰类化妆品 | 件 | 另行确定 | 50% |
| 09040000 | －特殊功能类化妆品 | 件 | 另行确定 | 50% |
| 10000000 | 家用医疗、保健及美容器材 | | | |
| 10010000 | －家用医疗器材 | | | |
| 10010100 | －－血糖计 | 个 | 500 | 10% |
| 10010200 | －－血糖试纸 | 张 | 5 | 10% |
| 10010300 | －－红外线耳探热针 | 个 | 200 | 10% |
| 10010400 | －－家用雾化机 | 台 | 2 000 | 10% |
| 10010500 | －－血压计 | 个 | 500 | 10% |
| 10019900 | －－其他家用医疗器材 | 件 | 另行确定 | 10% |
| 10020000 | －家用保健器材 | | | |
| 10020100 | －－按摩床 | 张 | 10 000 | 10% |
| 10020200 | －－按摩椅 | 张 | 5 000 | 10% |
| 10029900 | －－其他家用保健器材 | 件 | 另行确定 | 10% |

续表

| 税号 | 品名及规格 | 单位 | 完税价格（人民币：元） | 税率 |
|---|---|---|---|---|
| 10030000 | –家用美容器材 | | | |
| 10030100 | – –蒸汽仪 | 台 | 200 | 10% |
| 10030200 | – –喷雾器 | 台 | 400 | 10% |
| 10039900 | – –其他家用美容器材 | 台 | 另行确定 | 10% |
| 11000000 | 厨卫用具及小家电 | | | |
| 11010000 | –厨房用具 | | | |
| 11010100 | – –餐具/刀具 | 个、把 | 20 | 10% |
| 11010200 | – –炊具 | 件 | 100 | 10% |
| 11010300 | – –灶具 | 件 | 1 000 | 10% |
| 11010400 | – –净水器（含过滤芯） | 个 | 500 | 10% |
| 11010500 | – –净水器过滤芯 | 个 | 200 | 10% |
| 11011100 | – –电饭煲 | 个 | 500 | 20% |
| 11011200 | – –微波炉 | 台 | 600 | 20% |
| 11011300 | – –电磁炉 | 台 | 800 | 20% |
| 11011400 | – –抽油烟机 | 台 | 1 000 | 20% |
| 11011500 | – –家用洗碗机 | 台 | 1 500 | 20% |
| 11011600 | – –电动榨汁机 | 台 | 100 | 20% |
| 11011700 | – –咖啡机 | 台 | 4 000 | 20% |
| 11019900 | – –其他厨房用具 | | | |
| 11019910 | – – –其他厨房非电动用具 | 件、个 | 另行确定 | 10% |
| 11019990 | – – –其他厨房小电器 | 台 | 另行确定 | 20% |
| 11020000 | –卫生用具、洁具 | | | |
| 11020100 | – –卫生间非电动用具 | 件 | 另行确定 | 10% |
| 11021100 | – –卫生间小电器 | | | |
| 11021110 | – – –电热水器 | 台 | 1 000 | 20% |
| 11021120 | – – –电吹风机 | 个 | 200 | 20% |

续表

| 税号 | 品名及规格 | 单位 | 完税价格（人民币：元） | 税率 |
|---|---|---|---|---|
| 11021130 | －－－电动剃须刀 | 个 | 200 | 20% |
| 11021140 | －－－电动牙刷 | 个 | 200 | 20% |
| 11021190 | －－－其他卫生间小电器 | 台 | 另行确定 | 20% |
| 11030000 | －小家电 | | | |
| 11030100 | －－电话机 | | | |
| 11030110 | －－－普通电话机 | 台 | 200 | 10% |
| 11030120 | －－－手持移动电话机 | 台 | | |
| 11030121 | －－－－键盘式手持移动电话机 | 台 | 1 000 | 10% |
| 11030122 | －－－－触屏式手持移动电话机 | 台 | 另行确定 | 10% |
| 11030130 | －－－电话传真机 | 台 | 1 000 | 10% |
| 11030140 | －－－可视电话机 | 台 | 1 000 | 10% |
| 11030150 | －－－电话机配件、附件 | 件 | 另行确定 | 10% |
| 11030190 | －－－其他电话机 | 台 | 另行确定 | 10% |
| 11030200 | －－游戏机 | | | |
| 11030210 | －－－便携式游戏机 | 台 | 1 000 | 10% |
| 11030220 | －－－游戏机配件、附件 | | | |
| 11030221 | －－－－游戏碟、盘、卡 | 张、个 | 60 | 10% |
| 11030222 | －－－－游戏机遥控器、控制器 | 个 | 200 | 10% |
| 11030229 | －－－－其他游戏机配件、附件 | 件 | 另行确定 | 10% |
| 11030290 | －－－其他游戏机 | 台 | 另行确定 | 10% |
| 11030300 | －－手动缝纫机、编织机 | 台 | 400 | 10% |
| 11031100 | －－便携式复印机 | 台 | 1 500 | 20% |
| 11031200 | －－电风扇 | 台 | 400 | 20% |
| 11031300 | －－电熨斗 | 台 | 200 | 20% |
| 11031400 | －－电暖器 | 台 | 400 | 20% |
| 11031500 | －－增/除湿机、增除湿一体机 | 台 | 1 500 | 20% |

续表

| 税号 | 品名及规格 | 单位 | 完税价格（人民币：元） | 税率 |
|---|---|---|---|---|
| 11031600 | －－空气清新机 | 台 | 1 000 | 20% |
| 11031700 | －－吸尘器 | 台 | 500 | 20% |
| 11031800 | －－地板打蜡机 | 台 | 500 | 20% |
| 11031900 | －－电动剪草机 | 台 | 2 000 | 20% |
| 11032000 | －－电动缝纫机、编织机 | 台 | 2 000 | 20% |
| 11032100 | －－灯具 | 台、件 | 另行确定 | 20% |
| 11039900 | －－其他家庭用具、小家电 | | | |
| 11039910 | －－－其他家庭用具 | 件、个 | 另行确定 | 10% |
| 11039990 | －－－其他小家电 | 台 | 另行确定 | 20% |
| 12000000 | 家具 | | | |
| 12010000 | －实木家具 | 件 | 另行确定 | 10% |
| 12020000 | －皮质家具 | 件 | 1 000 | 10% |
| 12030000 | －藤、竹质家具 | 件 | 600 | 10% |
| 12990000 | －其他家具 | 件 | 另行确定 | 10% |
| 13000000 | 空调及其配件、附件 | | | |
| 13010000 | －空调 | | | |
| 13010100 | －－1 匹及以下 | 台 | 2 000 | 20% |
| 13010200 | －－1 匹以上 2 匹以下（含 2 匹） | 台 | 4 000 | 20% |
| 13010300 | －－2 匹以上 3 匹以下（含 3 匹） | 台 | 6 000 | 20% |
| 13010400 | －－3 匹以上 | 台 | 另行确定 | 20% |
| 13020000 | －空调配件、附件 | 个 | 另行确定 | 20% |
| 13990000 | －其他空调 | 台 | 另行确定 | 20% |
| 14000000 | 电冰箱及其配件、附件 | | | |
| 14010000 | －电冰箱、冰柜 | | | |
| 14010100 | －－100 公升及以下 | 台 | 1 000 | 20% |
| 14010200 | －－101～200 公升 | 台 | 2 000 | 20% |

续表

| 税号 | 品名及规格 | 单位 | 完税价格（人民币：元） | 税率 |
|---|---|---|---|---|
| 14010300 | ––201～250公升 | 台 | 3 000 | 20% |
| 14010400 | ––251～300公升 | 台 | 5 000 | 20% |
| 14010500 | ––301～400公升 | 台 | 10 000 | 20% |
| 14010600 | ––401～500公升 | 台 | 15 000 | 20% |
| 14010700 | ––501公升及以上 | 台 | 另行确定 | 20% |
| 14020000 | –红酒柜 | | | |
| 14020100 | ––12瓶及以下 | 台 | 1 000 | 20% |
| 14020200 | ––13～18瓶 | 台 | 2 000 | 20% |
| 14020300 | ––19～45瓶 | 台 | 3 000 | 20% |
| 14020400 | ––46～75瓶 | 台 | 4 000 | 20% |
| 14020500 | ––76～120瓶 | 台 | 5 000 | 20% |
| 14020600 | ––121瓶及以上 | 台 | 另行确定 | 20% |
| 14030000 | –电冰箱配件、附件 | 件 | 另行确定 | 20% |
| 14990000 | –其他电冰箱 | 台 | 另行确定 | 20% |
| 15000000 | 洗衣设备及其配件、附件 | | | |
| 15010000 | –洗衣机 | | | |
| 15010100 | ––波轮式 | 台 | 1 000 | 20% |
| 15010200 | ––滚筒式 | 台 | 3 000 | 20% |
| 15020000 | –干衣机/烘干机 | 台 | 2 000 | 20% |
| 15030000 | –洗衣设备配件、附件 | 件 | 另行确定 | 20% |
| 15990000 | –其他洗衣设备 | 台 | 另行确定 | 20% |
| 16000000 | 电视机及其配件、附件 | | | |
| 16010000 | –电视机 | | | |
| 16010100 | ––22英寸及以下 | 台 | 1 000 | 20% |
| 16010200 | ––23～32英寸 | 台 | 2 000 | 20% |
| 16010300 | ––33～39英寸 | 台 | 4 000 | 20% |

续表

| 税号 | 品名及规格 | 单位 | 完税价格（人民币：元） | 税率 |
|---|---|---|---|---|
| 16010400 | －－40～42 英寸 | 台 | 6 000 | 20% |
| 16010500 | －－43～45 英寸 | 台 | 8 000 | 20% |
| 16010600 | －－46～49 英寸 | 台 | 10 000 | 20% |
| 16010700 | －－50～54 英寸 | 台 | 20 000 | 20% |
| 16010800 | －－55～59 英寸 | 台 | 30 000 | 20% |
| 16010900 | －－60～64 英寸 | 台 | 35 000 | 20% |
| 16011000 | －－65 英寸以上 | 台 | 另行确定 | 20% |
| 16020000 | －电视机配件、附件 | 件、个 | 另行确定 | 20% |
| 16990000 | －其他电视机 | 台 | 另行确定 | 20% |
| 17000000 | 摄影（像）设备及其配件、附件 | | | |
| 17010000 | －照相机 | | | |
| 17010100 | －－数码照相机 | | | |
| 17010110 | －－－－一体式数码照相机 | 台 | 2 000 | 10% |
| 17010120 | －－－镜头可拆卸式数码照相机 | | | |
| 17010121 | －－－－可拆卸式数码照相机机身 | 台 | 5 000 | 10% |
| 17010122 | －－－－可拆卸式数码照相机镜头 | 个 | 2 000 | 10% |
| 17019900 | －－其他照相机 | 台 | 另行确定 | 10% |
| 17020000 | －摄像机 | | | |
| 17020100 | －－便携式摄录一体机 | 台 | 4 000 | 10% |
| 17020200 | －－电视摄像机 | 台 | 另行确定 | 20% |
| 17030000 | －摄影（像）设备配件、附件 | | | |
| 17030100 | －－数码存储卡 | | | |
| 17030110 | －－－存储容量 8G 及以下 | 个 | 50 | 10% |
| 17050120 | －－－存储容量 8G 以上 | 个 | 200 | 10% |
| 17030200 | －－闪光灯 | 个 | 500 | 10% |
| 17030300 | －－支架 | 个 | 300 | 10% |

续表

| 税号 | 品名及规格 | 单位 | 完税价格（人民币：元） | 税率 |
|---|---|---|---|---|
| 17030400 | －－胶卷 | 个 | 20 | 10% |
| 17030500 | －－数码相框 | 台 | 500 | 10% |
| 17039900 | －－其他摄影（像）设备配件、附件 | 件 | 另行确定 | 10% |
| 17990000 | －其他摄影（像）设备 | 台、件 | 另行确定 | 10% |
| 18000000 | 影音设备及其配件、附件 | | | |
| 18010000 | －便携式影音设备 | | | |
| 18010100 | －－录音笔 | 台 | 200 | 20% |
| 18010200 | －－录音机 | 台 | 200 | 20% |
| 18010300 | －－收音机 | 台 | 200 | 20% |
| 18010400 | －－MP3 播放器（音频多媒体播放器） | 台 | 100 | 20% |
| 18010500 | －－MP4 播放机（视频多媒体播放器） | 台 | 500 | 20% |
| 18019900 | －－其他便携式影音设备 | 台 | 另行确定 | 20% |
| 18020000 | －音响设备 | | | |
| 18020100 | －－电唱机（含便携式激光唱机） | 台 | 500 | 20% |
| 18020200 | －－放像机 | 台 | 500 | 20% |
| 18020300 | －－录像机 | 台 | 800 | 20% |
| 18020400 | －－激光视盘机（LD、VCD、DVD 等） | 台 | 500 | 20% |
| 18020500 | －－（单）功能座（功放、调谐、均衡等） | 台 | 1 000 | 20% |
| 18020600 | －－音箱 | 个 | 1 000 | 20% |
| 18020700 | －－便携式收音、录音、激光唱盘一体机 | 台 | 1 000 | 20% |
| 18029900 | －－其他音响设备 | 件 | 另行确定 | 20% |
| 18030000 | －影音设备配件、附件 | | | |
| 18030100 | －－唱片 | 张 | 50 | 20% |
| 18030200 | －－录音带（非教育专用） | 盘 | 10 | 20% |
| 18030300 | －－录像带（非教育专用） | 盘 | 30 | 20% |

续表

| 税号 | 品名及规格 | 单位 | 完税价格（人民币：元） | 税率 |
|---|---|---|---|---|
| 18030400 | －－激光唱盘（CD） | 张 | 30 | 20% |
| 18030500 | －－激光视盘（LD、VCD、DVD 等） | 张 | 50 | 20% |
| 18039900 | －－其他影音设备配件、附件 | 个、件 | 另行确定 | 20% |
| 18990000 | －其他影音设备 | 个、台 | 另行确定 | 20% |
| 19000000 | 计算机及其外围设备 | | | |
| 19010000 | －计算机 | | | |
| 19010100 | －－台式个人计算机主机 | 台 | 2 000 | 10% |
| 19010200 | －－主机、显示器一体机 | 台 | 3 000 | 10% |
| 19010300 | －－笔记本电脑（含平板电脑、掌上电脑、上网本等） | | | |
| 19010310 | －－－键盘式笔记本电脑 | 台 | 2 000 | 10% |
| 19010320 | －－－触屏式笔记本电脑 | 台 | 另行确定 | 10% |
| 19010400 | －－计算机配件 | | | |
| 19010410 | －－－主板 | 块 | 500 | 10% |
| 19010420 | －－－中央处理器（CPU） | 个 | 500 | 10% |
| 19010430 | －－－内存条 | | | |
| 19010431 | －－－－4G 及以下 | 条 | 200 | 10% |
| 19010432 | －－－－4G 以上 | 条 | 300 | 10% |
| 19010440 | －－－功能卡 | 块 | 300 | 10% |
| 19010490 | －－－其他计算机配件 | 块、个 | 另行确定 | 10% |
| 19019900 | －－其他计算机 | 台 | 另行确定 | 10% |
| 19020000 | －计算机外围设备 | | | |
| 19020100 | －－鼠标 | 个 | 50 | 10% |
| 19020200 | －－键盘 | 个 | 80 | 10% |
| 19020300 | －－音箱 | 个 | 50 | 10% |
| 19020400 | －－显示器 | | | |

续表

| 税号 | 品名及规格 | 单位 | 完税价格（人民币：元） | 税率 |
| --- | --- | --- | --- | --- |
| 19020410 | －－－液晶显示器 | | | |
| 19020411 | －－－－19 英寸及以下 | 台 | 800 | 10% |
| 19020412 | －－－－19 英寸以上，24 英寸及以下 | 台 | 1 200 | 10% |
| 19020413 | －－－－24 英寸以上 | 台 | 另行确定 | 10% |
| 19020420 | －－－显像管（CRT）显示器 | | | |
| 19020421 | －－－－17 英寸及以下 | 台 | 300 | 10% |
| 19020422 | －－－－17 英寸以上 | 台 | 500 | 10% |
| 19020490 | －－－其他显示器 | 台 | 另行确定 | 10% |
| 19020500 | －－打印机 | | | |
| 19020510 | －－－激光打印机 | | | |
| 19020511 | －－－－黑白激光打印机 | 台 | 1 000 | 10% |
| 19020512 | －－－－彩色激光打印机 | 台 | 3 000 | 10% |
| 19020520 | －－－喷墨打印机 | 台 | 500 | 10% |
| 19020530 | －－－针式打印机 | 台 | 1 000 | 10% |
| 19020540 | －－－多功能一体打印机 | | | |
| 19020541 | －－－－喷墨多功能一体打印机 | 台 | 600 | 10% |
| 19020542 | －－－－激光多功能一体打印机 | 台 | 1 500 | 10% |
| 19020590 | －－－其他打印机 | 台 | 另行确定 | 10% |
| 19020600 | －－扫描仪 | 台 | 1 000 | 10% |
| 19020700 | －－视频投影仪 | 台 | 5 000 | 10% |
| 19020800 | －－驱动器 | | | |
| 19020810 | －－－CD | 台 | 100 | 10% |
| 19020820 | －－－DVD | 台 | 200 | 10% |
| 19020890 | －－－其他驱动器 | 台 | 另行确定 | 10% |
| 19020900 | －－存储器 | | | |
| 19020910 | －－－硬盘/移动硬盘 | | | |

续表

| 税号 | 品名及规格 | 单位 | 完税价格（人民币：元） | 税率 |
|---|---|---|---|---|
| 19020911 | －－－－1T 及以下 | 个 | 300 | 10% |
| 19020912 | －－－－1T 以上 2T 以下（含 2T） | 个 | 500 | 10% |
| 19020913 | －－－－2T 以上 | 个 | 另行确定 | 10% |
| 19020920 | －－－U 盘 | 个 | 50 | 10% |
| 19020990 | －－－其他存储器 | 个、盒 | 另行确定 | 10% |
| 19029900 | －－其他计算机外围设备 | 台 | 另行确定 | 10% |
| 20000000 | 书报、刊物及其他各类印刷品 | | 另行确定 | 10% |
| 21000000 | 教育专用的电影片、幻灯片、原版录音带、录像带 | | | |
| 21010000 | －幻灯片 | 片 | 10 | 10% |
| 21020000 | －录音带 | 盘 | 10 | 10% |
| 21030000 | －录像带 | 盘 | 50 | 10% |
| 21990000 | －其他教育专用影片、录音、录像带 | 件 | 另行确定 | 10% |
| 22000000 | 文具用品、玩具 | | | |
| 22010000 | －文具用品 | | | |
| 22010100 | －－电子计算器 | 个 | 200 | 10% |
| 22010200 | －－电子字典/记事簿 | 个 | 300 | 10% |
| 22010300 | －－电子（纸）书 | 台 | 800 | 10% |
| 22010400 | －－笔 | 支 | 50 | 10% |
| 22019900 | －－其他文具用品 | 件 | 另行确定 | 10% |
| 22020000 | －玩具 | 件 | 另行确定 | 10% |
| 23000000 | 邮票 | | | |
| 23010000 | －中国邮票、小型张、纪念封 | 张 | 另行确定 | 10% |
| 23020000 | －港澳台、外国邮票 | 张 | 5 | 10% |
| 23030000 | －港澳台、外国小型张、纪念封 | 张 | 10 | 10% |
| 24000000 | 乐器 | | | |

续表

| 税号 | 品名及规格 | 单位 | 完税价格（人民币：元） | 税率 |
|---|---|---|---|---|
| 24010000 | –钢琴 | | | |
| 24010100 | – –三角钢琴 | 架 | 90 000 | 10% |
| 24010200 | – –立式钢琴 | 架 | 15 000 | 10% |
| 24010300 | – –电子钢琴 | 架 | 5 000 | 10% |
| 24019900 | – –其他钢琴 | 架 | 另行确定 | 10% |
| 24020000 | –电子琴 | | | |
| 24020100 | – –49 键以下 | 台 | 800 | 10% |
| 24020200 | – –49 键及以上 | 台 | 3 000 | 10% |
| 24030000 | –萨克斯 | 把 | 10 000 | 10% |
| 24040000 | –电子吉他 | 把 | 2 000 | 10% |
| 24050000 | –数码小提琴 | 把 | 5 000 | 10% |
| 2406000 | –长、短笛 | 支 | 5 000 | 10% |
| 2407000 | –单簧管 | 支 | 4 000 | 10% |
| 2408000 | –双簧管 | 支 | 10 000 | 10% |
| 2409000 | –古筝 | 架 | 2 000 | 10% |
| 24990000 | –其他乐器 | 件 | 另行确定 | 10% |
| 25000000 | 体育用品 | | | |
| 25010000 | –高尔夫球及球具 | | | |
| 25010100 | – –球杆 | 根 | 1 000 | 30% |
| 25010200 | – –球 | 个 | 20 | 30% |
| 25019900 | – –其他高尔夫球具 | 件 | 另行确定 | 30% |
| 25020000 | –运动器具 | | | |
| 25020100 | – –网球拍 | 个 | 500 | 10% |
| 25020200 | – –羽毛球拍 | 个 | 300 | 10% |
| 25029900 | – –其他运动器具 | 件 | 另行确定 | 10% |
| 25030000 | –多功能健身器具 | | | |

续表

| 税号 | 品名及规格 | 单位 | 完税价格（人民币：元） | 税率 |
|---|---|---|---|---|
| 25030100 | －－跑步机 | 件 | 2 000 | 10% |
| 25030200 | －－健身车 | 件 | 1 000 | 10% |
| 25030300 | －－综合训练器 | 件 | 3 000 | 10% |
| 25039900 | －－其他多功能健身器具 | 件 | 另行确定 | 10% |
| 25990000 | －其他体育用品 | 件 | 另行确定 | 10% |
| 26000000 | 自行车、三轮车、童车及其配件、附件 | | | |
| 26010000 | －自行车 | 辆 | 500 | 20% |
| 26020000 | －三轮车 | 辆 | 500 | 20% |
| 26030000 | －童车 | 辆 | 200 | 20% |
| 26040000 | －自行车、三轮车、童车配件、附件 | 件 | 另行确定 | 20% |
| 27000000 | 其他物品 | 件 | 另行确定 | 10% |

备注：对02000000税号项下的各类酒，单瓶容量超出750毫升的，每满750毫升按照1瓶计征税赋，超出部分不足750毫升的不予计算。

# 附件三　文物出境审核标准

| 审核类别 | | 禁限 |
|---|---|---|
| 1.化石 | | |
| | 古猿化石、古人类化石以及与人类活动有关的第四纪古脊椎动物化石 | 一律禁出境 |
| 2.建筑物的实物资料 | | |
| 2.1 建筑模型、图样 | 建筑的木制模型、纸制烫样、平面立面图、内部装修画样及工程做法等 | 一九一一年以前的禁出境 |
| | 具有重要历史、艺术、科学价值的 | 一九四九年以前的禁出境 |
| 2.2 建筑物装修、构件 | 包括园林建筑构 | 一九一一年以前的禁出境 |
| | 具有重要历史、艺术、科学价值的 | 一九四九年以前的禁止出境 |
| 3.绘画、书法 | | |
| 3.1 中国画及书法 | | 一九一一年以前的禁出境<br>一九一一年后参照名单执行 |
| | 肖像、影像、画像、风俗画、战功图、纪事图、行乐图等 | 一九四九年以前的禁止出境<br>属于本人或其亲属的肖像、影像、画像等不在此限 |
| 3.2 油画、水彩画、水粉画 | 包括素描(含速写)、漫画、版画的原作和原版等 | 一九四九年以前的禁止出境<br>一九四九年后参照名单执行 |
| | 具有重大历史、艺术价值,产生广泛社会影响的 | 一律禁出境 |
| 3.3 壁画 | 宫殿、庙宇、石窟、墓葬中的壁画等 | 一九四九年以前的禁止出境 |
| | 近现代著名壁画的原稿、设计方案及图稿 | 一律禁止出境 |
| 4.碑帖、拓片 | | |
| | 碑帖、墓志、造像题记、摩崖等拓片及套帖 | 一九四九年以前的禁止出境 |
| | 古器物拓片,包括铭文、纹饰及全形拓片 | 一九四九年以前的禁止出境 |
| | 新发现的重要的或原作已毁损的石刻等拓片 | 一律禁止出境 |

续表

| 审核类别 | | 禁限 |
| --- | --- | --- |
| 5.雕塑 | | |
| | 人像、佛像、动植物造型及摆件等 | 一九四九年以前的禁止出境 |
| | 名家作品 | 参照名单执行 |
| | 具有重大历史、艺术价值,产生广泛社会影响的 | 一律禁止出境 |
| 6.铭刻 | | |
| 6.1 甲骨 | 包括残破、无字或后刻文字及花纹的甲骨和卜骨 | 一律禁止出境 |
| 6.2 玺印 | | 一九一一年以前的禁止出境 |
| | 名家制印 | 参照名单执行 |
| | 历代官印,包括玺、印、戳记等 | 一律禁止出境 |
| | 各类军政机构、党派、群众团体使用过的,以及其他有特殊意义的印章、关防、印信等;著名人物使用过的有代表性的个人印章 | 一九四九年以前的禁止出境 |
| 6.3 封泥 | | 一律禁止出境 |
| 6.4 符契 | 包括符节、铁券、铅券、腰牌等 | 一九一一年以前的禁止出境 |
| 6.5 勋章、奖章、纪念章 | | 一九一一年以前的禁止出境 |
| | 反映重大历史事件,有特殊意义的;颁发给著名人物的;有重要艺术价值的 | 一九四九年以前的禁止出境<br>属于本人或其亲属的不在此限 |
| 6.6 碑刻 | 历代石经、刻石、碑刻、经幢、墓志等 | 一九四九年以前的禁止出境 |
| 6.7 版片 | 书版、图版、画版、印刷版等 | 一九四九年以前的禁止出境 |
| 7.图书文献 | | |
| 7.1 竹简、木简 | 包括无字的 | 一律禁止出境 |
| 7.2 书札 | | 一九一一年以前的禁止出境 |
| | 名人书札 | 一九四九年以前的禁止出境<br>属于本人或其亲属的一般来往函件不在此限 |
| 7.3 手稿 | | 一九一一年以前的禁止出境 |
| | 涉及重大历史事件的或著名人物撰写的重要文件、电报、信函、题词、代表性著作的手稿等 | 一律禁止出境<br>属于本人的信函、题词、代表性著作的手稿等不在此限 |
| 7.4 书籍 | | 一九一一年以前的禁止出境 |
| | 存量不多的木板书及石印、铅印的完整的大部丛书,如图书集成、四部丛刊、丛书集成、万有文库等 | 一九四九年以前的禁止出境 |

续表

| 审核类别 | | 禁限 |
|---|---|---|
| 7.4 书籍 | 有重要历史、学术价值的报刊、教材、图册等 | 一九四九年以前的禁止出境 |
| | 有重大影响的出版物的原始版本或最早版本 | 一九四九年以前的禁止出境 |
| | 有领袖人物重要批注手迹的 | 一律禁止出境 |
| | 地方志、家谱、族谱 | 一九四九年以前的禁止出境 |
| 7.5 图籍 | 各种方式印刷和绘制的天文图、舆地图、水道图、水利图、道里图、边防图、战功图、盐场图、行政区划图等 | 一九四九年以前的禁止出境 |
| | 非公开发售的各种地图等 | 一律禁止出境 |
| 7.6 文献档案 | | 一九一一年以前的禁止出境 |
| | 有重要历史价值的 | 一律禁止出境 |
| | 重大事件或历次群众性运动中散发、张贴的传单、标语、漫画等 | 一律禁止出境 |
| | 重要战役的战报及相关宣传品等 | 一律禁止出境 |
| 8.钱币 | | |
| 8.1 古钱币 | 各种实物货币、金属称量货币、压胜钱、金银钱等 | 一九一一年以前的禁止出境 |
| 8.2 古钞 | 宝钞、银票、钱票、私钞等 | 一九一一年以前的禁止出境 |
| 8.3 近现代机制币 | 金、银、铜、镍等金属币和纪念币 | 一九四九年以前的禁止出境 |
| 8.4 近现代钞票 | 具有重要历史、艺术、科学价值的 | 一九四九年以前的禁止出境 |
| 8.5 钱范 | 古代各种钱范和近代各种硬币的模具 | 一律禁止出境 |
| 8.6 钞版 | 各时期各种材质的钞版 | 一律禁止出境 |
| 8.7 钱币设计图稿 | 包括样钱、雕母、母钱等 | 一律禁止出境 |
| 9.舆服 | | |
| 9.1 车船舆桥 | 包括零部件 | 一九一一年以前的禁止出境 |
| 9.2 车具、马具 | 包括零部件 | 一九一一年以前的禁止出境 |
| 9.3 鞋帽 | | 一九一一年以前的禁止出境 |
| 9.4 服装 | | 一九一一年以前的禁止出境 |
| 9.5 首饰 | | 一九一一年以前的禁止出境 |
| 9.6 配饰 | | 一九一一年以前的禁止出境 |
| 10.器具 | | |
| 10.1 生产工具 | | 一九一一年以前的禁止出境 |
| | 反映近现代生产力发展的代表性实物，如工业设备、仪器等 | 一九四九年以前的禁止出境 |

续表

| 审核类别 | | 禁限 |
|---|---|---|
| 10.2 兵器 | | 一九一一年以前的禁止出境 |
| | 中国自制的各种枪炮 | 一九四九年以前的禁止出境 |
| | 名人使用过的或有纪年纪事铭文的 | 一律禁止出境 |
| 10.3 乐器 | 包括舞乐用具 | 一九一一年以前的禁止出境 |
| | 已故著名艺人使用过的 | 一律禁止出境 |
| 10.4 仪仗 | | 一九一一年以前的禁止出境 |
| 10.5 度量衡 | 包括附件 | 一九一一年以前的禁止出境 |
| 10.6 法器 | 包括乐器、幡、旗等 | 一九一一年以前的禁止出境 |
| 10.7 明器 | 各种材质所制的专为殉葬用的俑及器物 | 一九一一年以前的禁止出境 |
| 10.8 仪器 | 包括日晷、罗盘、天文钟、天文仪、算筹等有关天文历算的仪器和科学实验仪器及其部件 | 一九四九年以前的禁止出境 |
| 10.9 家具 | 各种材质的家具及其部件 | 一九一一年以前的禁止出境 |
| | 黄花梨、紫檀、乌木、鸡翅木、铁梨木家具 | 一九四九年以前的禁止出境 |
| 10.10 金属器 | 青铜器 | 一九一一年以前的禁止出境 |
| | 金、银、铜、铁、锡、铅等制品 | 一九一一年以前的禁止出境 |
| 10.11 陶瓷器 | 包括具有历史、艺术、科学价值的残片 | 一九一一年以前的禁止出境 |
| | 官窑器、民窑堂名款器，有纪年、纪事或作为历史事件标志性的器物及残件 | 一九四九年以前的禁止出境 |
| | 名家制品 | 参照名单执行 |
| 10.12 漆器 | | 一九一一年以前的禁止出境 |
| | 名家、名作坊或有名人款识的制品 | 参照名单执行 |
| 10.13 织绣品 | 各种织物、刺绣及其制成品和残片，包括附属于手卷、画轴、册页上的包首、隔水等所用织绣品 | 一九一一年以前的禁止出境 |
| | 地毯、挂毯等 | 一九一一年以前的禁止出境 |
| | 成匹的各种绸、缎、绫、罗、纱、绢、锦、棉、麻、呢、绒等织物 | 一九四九年以前的禁止出境 |
| | 织绣、印染等名家制品 | 参照名单执行 |
| | 缂丝、缂毛（包括残片） | 一九四九年以前的禁止出境 |
| 10.14 钟表 | | 一九一一年以前的禁止出境 |

续表

| 审核类别 | | 禁限 |
|---|---|---|
| 10.15 烟壶 | | 一九一一年以前的禁止出境 |
| | 名家制品 | 参照名单执行 |
| 10.16 扇子 | 包括扇骨、扇面 | 一九一一年以前的禁止出境 |
| | 名家制品 | 参照名单执行 |
| 11.民俗用品 | | |
| 11.1 民间艺术作品 | 年画、神马、剪纸、泥人等各种类型的民间艺术作品 | 一九一一年以前的禁止出境 |
| | 具有重要艺术价值的 | 一九四九年以前的禁止出境 |
| 11.2 生活及文娱用品 | 灯具、锁具、餐具、茶具、棋牌、玩具等 | 一九一一年以前的禁止出境 |
| | 稀有的具有地方特色的代表性实物和民间文化用品 | 一九四九年以前的禁止出境 |
| 12.文具 | | |
| 12.1 纸 | 素纸,包括信笺及手卷、册页所附的素纸 | 一九一一年以前的禁止出境 |
| | 腊笺、金花笺、印花笺、暗花笺等 | 一九四九年以前的禁止出境 |
| 12.2 砚 | | 一九一一年以前的禁止出境 |
| | 名家制砚或名人用砚 | 一九四九年以前的禁止出境 |
| 12.3 笔 | 包括笔杆 | 一九一一年以前的禁止出境 |
| 12.4 墨 | 包括墨棋 | 一九四九年以前的禁止出境 |
| 12.5 其他文具 | 各种材质的笔筒、笔架、镇纸、臂格、墨床、墨盒等 | 一九一一年以前的禁止出境 |
| | 名家制品或名人用品 | 一九四九年以前的禁止出境 |
| 13.戏剧曲艺用品 | | |
| | 包括戏衣、皮影、木偶以及各种与戏剧曲艺有关的道具 | 一九一一年以前的禁止出境 |
| | 唱片 | 一九四九年以前的禁止出境 |
| 14.工艺美术品 | | |
| 14.1 玉石器 | 包括翡翠、玛瑙、水晶、孔雀石、碧玺、绿松石、青金石等各种玉石及琥珀、雄精、珊瑚等制品 | 一九一一年以前的禁止出境 |
| | 材质珍稀、工艺水平高,有一定历史价值和其他特殊意义的 | 一九四九年以前的禁止出境 |
| 14.2 玻璃器 | | 一九一一年以前的禁止出境 |
| 14.3 珐琅器 | 掐丝珐琅、画珐琅等 | 一九一一年以前的禁止出境 |

续表

| 审核类别 | | 禁限 |
| --- | --- | --- |
| 14.4 木雕 | | 一九一一年以前的禁止出境 |
| 14.5 牙角器 | 象牙、犀角制品 | 一律禁止出境 |
| | 车渠、玳瑁等其他骨、角制品 | 一九一一年以前的禁止出境 |
| 14.6 藤竹器 | 各种藤竹制品、草编制品等 | 一九一一年以前的禁止出境 |
| 14.7 火画 | 包括通草纸、纸织画等 | 一九一一年以前的禁止出境 |
| 14.8 玻璃油画 | 肖像画、风俗画 | 一九四九年以前的禁止出境<br>属于本人或其亲属的肖像画不在此限 |
| | 一般故事画、寿意画等 | 一九一一年以前的禁止出境 |
| 14.9 铁画 | | 一九四九年以前的禁止出境 |
| 15.邮票、邮品 | | |
| | | 一九一一年以前的禁止出境 |
| | 珍贵的邮票、实寄封、明信片、邮简等 | 一九四九年以前的禁止出境 |
| | 邮票及未发行邮票的设计原图、印样 | 一律禁止出境 |
| | 邮票的印版 | 一律禁止出境 |
| 16.少数民族文物 | | |
| 16.1 民族服饰 | 包括各种材质的配饰 | 一九六六年以前的禁止出境 |
| 16.2 生产工具 | 能够反映民族传统生产方式的工具 | 一九六六年以前的禁止出境 |
| 16.3 民俗生活用品 | 反映民族传统生活方式，具有民族工艺特点的 | 一九六六年以前的禁止出境 |

## 书目介绍

# 乐 贸 系 列

| 书名 | 作者 | 定价 | 书号 | 出版时间 |
|---|---|---|---|---|

### 外贸操作实务子系列

| 书名 | 作者 | 定价 | 书号 | 出版时间 |
|---|---|---|---|---|
| 1. 出口营销实战(第三版) | 黄泰山 | 45.00 元 | 978-7-80165-932-3 | 2013 年 1 月第 3 版 |
| 2. 外贸实务疑难解惑 220 例 | 张浩清 | 38.00 元 | 978-7-80165-853-1 | 2012 年 1 月第 1 版 |
| 3. 外贸高手客户成交技巧 | 毅　冰 | 35.00 元 | 978-7-80165-841-8 | 2012 年 1 月第 1 版 |
| 4. 外贸纠纷处理实务——案例与技巧 | 熊志坚 | 35.00 元 | 978-7-80165-789-3 | 2011 年 1 月第 1 版 |
| 5. 报检七日通 | 徐荣才　朱瑾瑜 | 22.00 元 | 978-7-80165-715-2 | 2010 年 8 月第 1 版 |
| 6. 实用外贸技巧助你轻松拿订单 | 王陶(波锅涅) | 25.00 元 | 978-7-80165-724-4 | 2010 年 4 月第 1 版 |
| 7. 外贸业务经理人手册(第 2 版) | 陈文培 | 39.00 元 | 978-7-80165-671-1 | 2010 年 1 月第 1 版 |
| 8. 外贸会计实务精要 | 疏　影 | 28.00 元 | 978-7-80165-633-9 | 2009 年 5 月第 1 版 |
| 9. 外贸实用工具手册 | 本书编委会 | 32.00 元 | 978-7-80165-558-5 | 2009 年 1 月第 1 版 |
| 10. 外贸实务经验分享 33 例 | 沱沱网中文站 | 28.00 元 | 978-7-80165-560-8 | 2009 年 1 月第 1 版 |
| 11. 外贸实务案例精华 80 篇 | 刘德标<br>吴珊红 | 29.80 元 | 978-7-80165-561-5 | 2009 年 1 月第 1 版 |
| 12. 快乐外贸七讲 | 朱芷萱 | 22.00 元 | 978-7-80165-373-4 | 2009 年 1 月第 1 版 |
| 13. 外贸七日通(最新修订版) | 黄海涛<br>(深海鱿鱼) | 22.00 元 | 978-7-80165-397-0 | 2008 年 8 月第 3 版 |
| 14. 金牌外贸业务员找客户——17 种方法·案例·评析 | 陈念祥<br>张思羽 | 35.00 元 | 978-7-80165-543-1 | 2008 年 8 月第 2 版 |
| 15. 出口营销策略(《出口营销实战》升级版) | 黄泰山　冯斌 | 35.00 元 | 978-7-80165-459-5 | 2008 年 5 月第 1 版 |

### 出口风险管理子系列

| 书名 | 作者 | 定价 | 书号 | 出版时间 |
|---|---|---|---|---|
| 1. 轻松应对出口法律风险 | 韩宝庆 | 39.80 元 | 978-7-80165-822-7 | 2011 年 9 月第 1 版 |
| 2. 出口风险管理实务(第二版) | 冯　斌 | 48.00 元 | 978-7-80165-725-1 | 2010 年 4 月第 2 版 |
| 3. 50 种出口风险防范 | 王新华　陈丹凤 | 35.00 元 | 978-7-80165-647-6 | 2009 年 8 月第 1 版 |

### 外贸单证操作子系列

| 书名 | 作者 | 定价 | 书号 | 出版时间 |
|---|---|---|---|---|
| 1. 跟单信用证一本通 | 何源 | 35.00 元 | 978-7-80165-849-4 | 2012 年 1 月第 1 版 |
| 2. 信用证审单有问有答 280 例 | 李一平　徐珺 | 37.00 元 | 978-7-80165-761-9 | 2010 年 8 月第 1 版 |
| 3. 外贸单证经理的成长日记 | 曹顺祥 | 38.00 元 | 978-7-80165-716-9 | 2010 年 3 月第 1 版 |

| 书名 | 作者 | 定价 | 书号 | 出版时间 |
|---|---|---|---|---|
| 4. 外贸单证解惑 280 例 | 龚玉和　齐朝阳 | 38.00 元 | 978-7-80165-638-4 | 2009 年 7 月第 1 版 |
| 5. 信用证 6 小时教程 | 黄海涛（深海鱿鱼） | 25.00 元 | 978-7-80165-624-7 | 2009 年 4 月第 2 版 |
| 6. 跟单高手教你做跟单 | 汪　德 | 32.00 元 | 978-7-80165-623-0 | 2009 年 4 月第 1 版 |

## 福步外贸高手子系列

| | | | | |
|---|---|---|---|---|
| 1. 小小开发信　订单滚滚来——外贸开发信写作技巧及实用案例分析 | 薄如骢 | 26.00 元 | 978-7-80165-551-6 | 2008 年 8 月第 1 版 |
| 2. 外贸技巧与邮件实战 | 刘　云 | 28.00 元 | 978-7-80165-536-3 | 2008 年 7 月第 1 版 |

## 国际物流操作子系列

| | | | | |
|---|---|---|---|---|
| 1. 货代高手教你做货代——优秀货代笔记 | 何银星 | 25.00 元 | 978-7-80165-696-4 | 2010 年 1 月第 1 版 |
| 2. 国际物流操作风险防范——技巧·案例分析 | 孙家庆 | 32.00 元 | 978-7-80165-577-6 | 2009 年 4 月第 1 版 |

## 通关实务子系列

| | | | | |
|---|---|---|---|---|
| 1. 外贸企业轻松应对海关估价 | 熊　斌　赖　芸　王卫宁 | 35.00 元 | 978-7-80165-895-1 | 2012 年 9 月第 1 版 |
| 2. 报关实务一本通（第 2 版） | 苏州工业园区海关 | 35.00 元 | 978-7-80165-889-0 | 2012 年 8 月第 2 版 |
| 3. 如何通过原产地证尽享关税优惠 | 南京出入境检验检疫局 | 50.00 元 | 978-7-80165-614-8 | 2009 年 4 月第 3 版 |
| 4. 海关进出口商品归类基础与训练 | 温朝柱 | 36.00 元 | 978-7-80165-496-0 | 2009 年 1 月第 1 版 |
| 5. 最新报关单填制实用辅导 | 盛新阳　彭飞 | 38.00 元 | 978-7-80165-497-7 | 2008 年 10 月第 1 版 |

## 彻底搞懂子系列

| | | | | |
|---|---|---|---|---|
| 1. 彻底搞懂信用证（第二版） | 王腾　曹红波 | 35.00 元 | 978-7-80165-840-1 | 2011 年 11 月第 2 版 |
| 2. 彻底搞懂中国自由贸易区优惠 | 刘德标　祖月 | 34.00 元 | 978-7-80165-762-6 | 2010 年 8 月第 1 版 |
| 3. 彻底搞懂贸易术语 | 陈　岩 | 33.00 元 | 978-7-80165-719-0 | 2010 年 2 月第 1 版 |
| 4. 彻底搞懂海运航线 | 唐丽敏 | 25.00 元 | 978-7-80165-644-5 | 2009 年 7 月第 1 版 |
| 5. 彻底搞懂提单 | 张敏　赵通 | 29.80 元 | 978-7-80165-602-5 | 2009 年 6 月第 1 版 |
| 6. 彻底搞懂关税 | 孙金彦 | 29.00 元 | 978-7-80165-618-6 | 2009 年 6 月第 1 版 |

| 书名 | 作者 | 定价 | 书号 | 出版时间 |
|---|---|---|---|---|

## 外贸英语实战子系列

| | | | | |
|---|---|---|---|---|
| 1. 十天搞定外贸函电 | 毅　冰 | 38.00 元 | 978-7-80165-898-2 | 2012 年 10 月第 1 版 |
| 2. 外贸高手的口语秘籍 | 李　凤 | 35.00 元 | 978-7-80165-838-8 | 2012 年 2 月第 1 版 |
| 3. 外贸英语函电实战 | 梁金水 | 25.00 元 | 978-7-80165-705-3 | 2010 年 1 月第 1 版 |
| 4. 外贸英语口语一本通 | 刘新法 | 29.00 元 | 978-7-80165-537-0 | 2008 年 8 月第 1 版 |

## 外贸谈判子系列

| | | | | |
|---|---|---|---|---|
| 1. 外贸英语谈判实战 | 王慧　吴旻　张海军<br>蒋晓杰　仲颖 | 32.00 元 | 978-7-80165-767-1 | 2010 年 9 月第 1 版 |
| 2. 外贸谈判策略与技巧 | 赵立民 | 26.00 元 | 978-7-80165-645-2 | 2009 年 7 月第 1 版 |

## 国际商务往来子系列

| | | | | |
|---|---|---|---|---|
| 国际商务礼仪大讲堂 | 李嘉珊 | 26.00 元 | 978-7-80165-640-7 | 2009 年 12 月第 1 版 |

## 贸易展会子系列

| | | | | |
|---|---|---|---|---|
| 外贸参展全攻略——如何有效参加 B2B 贸易商展（第二版） | 钟景松 | 33.00 元 | 978-7-80165-779-4 | 2010 年 10 月第 2 版 |

## 区域市场开发子系列

| | | | | |
|---|---|---|---|---|
| 中东市场开发实战 | 刘军　沈一强 | 28.00 元 | 978-7-80165-650-6 | 2009 年 9 月第 1 版 |

## 国际结算子系列

| | | | | |
|---|---|---|---|---|
| 1. 国际结算函电实务 | 周红军　阎之大 | 40.00 元 | 978-7-80165-732-9 | 2010 年 5 月第 1 版 |
| 2. 出口商如何保障安全收汇——L/C、D/P、D/A、O/A 精讲 | 庄乐梅 | 85.00 元 | 978-7-80165-491-5 | 2008 年 5 月第 1 版 |

## 国际贸易金融工具子系列

| | | | | |
|---|---|---|---|---|
| 1. 出口信用保险——操作流程与案例 | 中国出口信用保险公司 | 35.00 元 | 978-7-80165-522-6 | 2008 年 5 月第 1 版 |
| 2. 福费廷 | 周红军 | 26.00 元 | 978-7-80165-451-9 | 2008 年 1 月第 1 版 |

## 加工贸易操作子系列

| | | | | |
|---|---|---|---|---|
| 1. 加工贸易实务操作与技巧 | 熊　斌 | 35.00 元 | 978-7-80165-809-8 | 2011 年 4 月第 1 版 |
| 2. 加工贸易达人速成——操作案例与技巧 | 陈秋霞 | 28.00 元 | 978-7-80165-891-3 | 2012 年 7 月第 1 版 |
| 3. 加工贸易企业关务作业统筹 | 熊　斌 | 29.80 元 | 978-7-80165-423-6 | 2009 年 3 月第 1 版 |

| 书名 | 作者 | 定价 | 书号 | 出版时间 |
| --- | --- | --- | --- | --- |

### 乐税子系列

| 书名 | 作者 | 定价 | 书号 | 出版时间 |
| --- | --- | --- | --- | --- |
| 1. 外贸企业出口退(免)税常见错误解析100例 | 周朝勇 | 49.80元 | 978-7-80165-933-0 | 2013年2月第1版 |
| 2. 生产企业出口退(免)税常见错误解析115例 | 周朝勇 | 49.80元 | 978-7-80165-901-9 | 2013年1月第1版 |
| 3. 外汇核销指南 | 陈文培等 | 22.00元 | 978-7-80165-824-1 | 2011年8月第1版 |
| 4. 外贸企业出口退税操作手册 | 中国出口退税咨询网 | 42.00元 | 978-7-80165-818-0 | 2011年5月第1版 |
| 5. 生产企业免抵退税实务——经验、技巧分享 | 徐玉树 | 35.00元 | 978-7-80165-780-0 | 2011年1月第1版 |
| 6. 生产企业免抵退税从入门到精通 | 中国出口退税咨询网 | 98.00元 | 978-7-80165-695-7 | 2010年1月第1版 |
| 7. 出口涉税会计实务精要(《外贸会计实务精要》第2版) | 龙博客工作室 | 32.00元 | 978-7-80165-660-5 | 2009年9月第2版 |

### 专业报告子系列

| 书名 | 作者 | 定价 | 书号 | 出版时间 |
| --- | --- | --- | --- | --- |
| 1. 国际工程风险管理 | 张 燎 | 1980.00元 | 978-7-80165-708-4 | 2010年1月第1版 |
| 2. 涉外型企业海关事务风险管理报告 | 《涉外型企业海关事务风险管理报告》研究小组 | 1980.00元 | 978-7-80165-666-7 | 2009年10月第1版 |

### 外贸企业管理子系列

| 书名 | 作者 | 定价 | 书号 | 出版时间 |
| --- | --- | --- | --- | --- |
| 小企业做大外贸的四项修炼 | 胡伟锋 | 26.00元 | 978-7-80165-673-5 | 2010年1月第1版 |

### 国际贸易金融子系列

| 书名 | 作者 | 定价 | 书号 | 出版时间 |
| --- | --- | --- | --- | --- |
| 1. 国际贸易金融服务全程通(第二版) | 郭党怀 张丽君 张贝 | 43.00元 | 978-7-80165-864-7 | 2012年1月第2版 |
| 2. 国际结算与贸易融资实务 | 李华根 | 42.00元 | 978-7-80165-847-0 | 2011年12月第1版 |

## 中小企业财会实务操作系列丛书

| 书名 | 作者 | 定价 | 书号 | 出版时间 |
| --- | --- | --- | --- | --- |
| 1. 小企业会计疑难解惑300例 | 刘华 刘方周 | 39.80元 | 978-7-80165-845-6 | 2012年1月第1版 |
| 2. 做顶尖成本会计应知应会150问 | 张 胜 | 38.00元 | 978-7-80165-819-7 | 2011年8月第1版 |
| 3. 会计实务操作一本通 | 吴虹雁 | 35.00元 | 978-7-80165-751-0 | 2010年8月第1版 |

# "关务通"品牌图书

"关务通"致力于：关企零距离，通关零障碍，关务零风险！

"关务通"由一线关务专家执笔，从企业角度出发，通过权威政策解读，实用操作指引，经典案例分析，帮助企业解决迫在眉睫的关务问题。

## 关务通·监管通关系列

| 书名 | 作者 | 定价 | 书号 | 出版时间 |
|---|---|---|---|---|
| 1.《监管通关政策实用指导手册》 | "关务通·监管通关系列"编委会 | 78.00元 | 978-7-80165-907-1 | 2012年10月第1版 |
| 2.《通关实务操作与技巧——货物、运输工具篇》 | "关务通·监管通关系列"编委会 | 48.00元 | 978-7-80165-909-5 | 2012年10月第1版 |
| 3.《通关实务操作与技巧——进出境物品篇》 | "关务通·监管通关系列"编委会 | 26.00元 | 978-7-80165-905-7 | 2012年10月第1版 |
| 4.《通关疑难解惑720例》 | "关务通·监管通关系列"编委会 | 48.00元 | 978-7-80165-903-3 | 2012年10月第1版 |

## 关务通·电子口岸系列

| 书名 | 作者 | 定价 | 书号 | 出版时间 |
|---|---|---|---|---|
| 1.《电子口岸实用功能》 | "关务通·电子口岸系列"编委会 | 32.00元 | 978-7-80165-904-0 | 2012年11月第1版 |
| 2.《电子口岸实务操作与技巧——通关篇》 | "关务通·电子口岸系列"编委会 | 55.00元 | 978-7-80165-906-4 | 2012年11月第1版 |
| 3.《电子口岸实务操作与技巧——加贸篇》 | "关务通·电子口岸系列"编委会 | 55.00元 | 978-7-80165-908-8 | 2012年11月第1版 |
| 4.《电子口岸疑难解惑400例》 | "关务通·电子口岸系列"编委会 | 38.00元 | 978-7-80165-910-1 | 2012年11月第1版 |

## 关务通·双语系列

| 书名 | 作者 | 定价 | 书号 | 出版时间 |
|---|---|---|---|---|
| 《国际海关新视野》 | 上海海关 | 60.00元 | 978-7-80165-918-7 | 2012年12月第1版 |

# 待出系列

## 关务通·加贸系列

| 书名 | 作者 | 定价 | 书号 | 出版时间 |
|---|---|---|---|---|
| 1.《加工贸易实务操作与技巧》 | "关务通·加贸系列"编委会 | 60.00元 | 978-7-80165-927-9 | |
| 2.《海关特殊监管区域和保税监管场所实务操作与技巧》 | "关务通·加贸系列"编委会 | 60.00元 | 978-7-80165-926-2 | |
| 3.《加工贸易疑难解惑280例》 | "关务通·加贸系列"编委会 | 60.00元 | 978-7-80165-928-6 | |

## 关务通·稽查系列

| 书名 | 作者 | 定价 | 书号 | 出版时间 |
|---|---|---|---|---|
| 《小王在海关稽查的日子——企业如何配合海关稽查》 | "关务通·稽查系列"编委会 | 70.00元 | 978-7-80165-925-5 | |

## 关务通·企管系列

| 书名 | 作者 | 定价 | 书号 | 出版时间 |
|---|---|---|---|---|
| 《AA类企业关务秘笈》 | "关务通·企管系列"编委会 | | | |